文史哲素养提升系列丛书

中国现代文学题解

第二版

张笛 主编

CUCP
中国传媒大学出版社
·北京·

修订说明

本次修订一是将近年来有代表性的真题融入知识点之中，题干、答案准确，避免读者被网络上各种题干和解答所误导；二是标注复习重点，使读者更有针对性地进行掌握；三是增加题目讲解，新增考试技巧；四是部分章节增加思维导图，方便读者理清知识脉络。另外，该套丛书配备了电子题库，其中内容不定期更新，读者可根据需要进行练习。

编　者

2025 年 1 月

前 言

本套丛书适合戏剧影视导演、戏剧影视美术设计、播音与主持艺术、表演、摄影、电影学、文化创意与策划、影视摄影与制作、录音艺术、艺术与科技、漫画、动画、新媒体艺术、数字媒体艺术、音乐学、音乐表演、作曲与作曲技术理论、视觉传达设计等专业的学生作为参考用书，也特别适合希望在短时间内提升文史哲素养的读者阅读。

中国现代文学知识点繁多、考查范围广泛，学习有一定难度。为有效解决这一难题，方便读者全面掌握要点，本书将中国现代文学参考书的知识汇成一册，重点标记，清晰明了，有助于读者高效消化吸收知识点。具体而言，本书分为以下三个模块：

一、考点归纳模块——系统全面，权威专业

本书所讲知识系统有序、编排科学、简洁明了，方便读者依据自身情况查漏补缺。另外，本书精选了各大高校近年来中国现代文学考试常考考点，使读者能够知晓高频考点，从而使识记更有针对性。

二、课后习题模块——解答详细，条理清晰

本书对《中国现代文学通识读本》的课后习题进行了详细的解答，同时帮助读者进一步掌握相关知识点，了解其背后的意义和联系。

三、典型习题模块——实用性强，学以致用

典型习题模块使读者在识记知识点的同时能够趁热打铁，实现有效自测。值得一提的是，本书中的各类素材还能提升学生的基本素养和知识积累，对掌握其他专业知识也有一定的帮助。

由于组织策划的局限和时间仓促,加之编者水平有限,书中难免有疏漏之处,敬请广大读者批评指正,并提出宝贵意见。

编 者

2025年1月

目录

上编 名家名作

上 编

名家名作

第一章 鲁 迅

第一部分 考点归纳

一、作者简介

鲁迅,20 世纪中国伟大的文学家与思想家,20 世纪世界文化巨人之一。

二、主要作品

短篇小说集《呐喊》《彷徨》《故事新编》,散文诗集《野草》,散文集《朝花夕拾》,杂文集《热风》《坟》《华盖集》《华盖集续编》《而已集》《南腔北调集》《三闲集》《二心集》《准风月谈》《伪自由书》《集外集》《花边文学》《且介亭杂文》《且介亭杂文二集》《且介亭杂文末编》《集外集拾遗》,书信集《两地书》;学术著作《中国小说史略》《汉文学史纲要》等。

三、文学影响

鲁迅以现代的眼光去重新“发现”传统文化的得失,批判落后的“国民性”。鲁迅堪称现代中国的民族魂,他那极富创造力与想象力的文学创作为中国现代文学的发展奠定了深厚的基础。

第二部分　课后习题详解

1. 通读《阿 Q 正传》全文,说说你所理解的"阿 Q 精神"。

答:"阿 Q 精神"的核心是"精神胜利法",是一种"自欺欺人"的心理、一种自我安慰的精神。在《阿 Q 正传》中,阿 Q 的"精神胜利法"实际上是一种麻木自己、为自己的奴隶地位辩护的心理。

阿 Q 生活在辛亥革命前后,社会地位低下,他的人生很失败,没有家,没有职业,甚至没有自己的姓。但是,阿 Q 要生存,自有他心理上的"平衡",要靠自我欺骗来粉饰自己,为自己的屈辱辩护。阿 Q 也有自尊,不过这往往是他的自我虚构和安慰。他的口头禅"我先前比你阔多了",就是很可笑的"自慰",一种自我保护。

阿 Q 的"精神胜利法"又表现为容易忘却和转移。他受到屈辱时便采取这种办法,祈求饶恕,躲过一劫。这些表现全都是自我欺骗,以"自欺欺人"获得一种麻木和安慰。

结合作者所处的时代背景可知,《阿 Q 正传》通过"精神胜利法"的勾画,批判那种动辄以祖业骄人,隐瞒缺陷,制造"奇妙逃路"的社会病态心理,希望国人能摆脱"瞒和骗"的圈子,克服麻木和惰性,去争取民族复兴。

2. 找一些相关的研究资料,看看对《阿 Q 正传》有哪些不同的解释。试举两三种说法,指出其解释的角度和根据,并略加评析。

答:《阿 Q 正传》的解释角度是多种多样的,正如钱理群在《中国现代文学三十年》中所言:"阿 Q 和一切不朽的文学典型一样,是说不尽的。不同时代、不同民族、不同层次的读者从不同的角度、侧面去接近它,都有自己的发现与发挥,从而构成一部阿 Q 接受史,这个历史过程没有、也不会终结。"这里试举几例。

第一种解读:新中国成立后,人们强调对文学作品进行阶级分析,阿 Q 被视为"落后的农民"的典型。有批评家强调阿 Q 是未庄第一个"造反者",他在土谷祠做的梦"毫不犹豫地要把地主的私有财产变为农民的私有财产",因此"破坏了统治了农民几千年的地主阶级的秩序和'尊严'",表现了其"本质上是农民的革命思想";而阿 Q 与辛亥革命关系的描写,也被解读为被压迫的农民对资产阶级及其领导的辛亥革命进行的深刻批判。这一视角着眼于阿Q革命的合理性，但忽略了阿Q造反的负面性——“即使阿Q成了‘革命’政权的领导者，他们将以自己为核心重新组织起一个新的未庄封建等级结构”(王富仁，1986)。

第二种解读：比较新颖且有代表性的是汪晖在《阿Q生命中的六个瞬间》一书中的解读。汪晖通过解读《阿Q正传》描写的阿Q生命中的六个瞬间(“失败的苦痛”、“无所适从”、性与饥饿、生存本能的突破、革命的本能与“无聊”、大团圆与死)，引入本能/直觉维度，证明阿Q的本能、直觉和无意识有可能使“精神胜利法”失效。他认为“阿Q的革命动力隐伏在他的本能和潜意识里”，因此，以发动革命为目的的启蒙需要向着直觉与本能超越。这一角度展现了阿Q与现实的真实关系，重新发现革命动力的可能性。但阿Q式的革命——身体造反、感官享乐——绝非现代意义上的革命。被汪晖推崇备至的身体直觉和本能，如果不升华为具有道德和精神内涵的政治革命，就不可能塑造真正意义上的革命主体，也不能促发真正意义上的革命，更不可能从根本上抵抗“精神胜利法”对于本能和直觉的转化与压抑。

第三部分　典型习题详解

一、选择题

1. 中国现代散文诗第一部具有里程碑意义的作品是(　　)。

A. 鲁迅的《野草》　　B. 陆蠡的《囚绿记》

C. 何其芳的《画梦录》　　D. 丽尼的《鹰之歌》

2. 鲁迅是中国现代文学的奠基人，他的散文集为(　　)。

A.《故事新编》　　B.《女神》

C.《春风沉醉的晚上》　　D.《朝花夕拾》

3. 中外两部《狂人日记》的作者分别是(　　)。

A. 鲁迅、果戈理　　B. 鲁迅、屠格涅夫

C. 鲁迅、列夫·托尔斯泰　　D. 鲁迅、契诃夫

4. 我国现代文学史上第一篇白话小说是(　　)。

A.《呐喊》　　B.《狂人日记》

C.《阿Q正传》　　D.《彷徨》

5. 我国第一部最能体现新文学实绩的小说集是(　　)。

A.《狂人日记》　　B.《呐喊》

C.《女神》　　D.《包身工》

6. “涓生”是鲁迅先生笔下的一个人物形象，这个人物出自下列哪一部小说作品?(　　)

A.《离婚》　　B.《故乡》　　C.《祝福》　　D.《伤逝》

7. “悲剧是将人生有价值的东西毁灭给人看”这句话是(　　)说的。

A. 鲁迅　　B. 郭沫若　　C. 老舍　　D. 曹禺

8. 鲁迅先生的《故事新编》从文学体裁上划分，属于(　　)。

A. 散文集　　B. 小说集　　C. 戏剧集　　D. 诗歌集

9. 鲁迅在小说中塑造了一个代表中国国民劣根性的典型人物，这个人物的名字是(　　)。

A. 祥林嫂　　B. 阿 Q　　C. 狂人　　D. 魏连殳

10. 鲁迅先生的小说《祝福》，收录在下列哪部文集中?(　　)

A.《野草》　　B.《彷徨》　　C.《呐喊》　　D.《故事新编》

11. 鲁迅的《纪念刘和珍君》中，刘和珍君的身份是(　　)。

A. 日本留学生　　B. 作者的同事

C. 作者的学生　　D. 作者的亲戚

12. 下列对鲁迅小说中的“我”，理解不正确的是(　　)

A.《一件小事》中的“我”是事件的亲历者。作品以“我”为陪衬，歌颂人力车夫的正直无私和勇于承担责任，也体现了鲁迅对自己的严格解剖

B.《祝福》中的“我”是具有进步思想的知识分子。“我”的所见所闻反映了封建礼教对劳动妇女的摧残，“我”的所思所想体现了知识分子的彷徨

C.《孔乙己》中的“我”是酒店伙计，也是孔乙己周围的看客之一。作品通过“我”的眼睛，展现了孔乙己的悲惨遭遇，也反映出看客们的麻木

D.《狂人日记》中的“我”是一个“迫害妄想症”患者，长期处于既担心被人吃又忍不住要吃人的矛盾中，作品借此控诉了封建社会的吃人本质

【解析】《狂人日记》中的“吃人”象征着封建伦理对人性的压迫与吞噬。鲁迅通过“我”的狂想，揭示了封建社会吃人的本质，并深刻地批判了这种社会结构。然而，“我”是这个体系的受害者，而不是陷入矛盾的加害者。

13. 关于鲁迅的《呐喊》,下列说法正确的是(　　)

①《狂人日记》中的狂人——最先觉醒的叛逆者、革新者形象

②《孔乙己》中的孔乙己——积极上进却被冷漠的看客群体歧视的典型代表

③《阿 Q 正传》中的阿 Q——封建科举制度的殉葬者形象

④《故乡》中的闰土——被苦难的生活和封建等级观念所重压的农民的典型形象

A. ①②　　B. ②③　　C. ③④　　D. ①④

【解析】《孔乙己》中的孔乙己是一个典型的迂腐读书人,是封建科举制度的牺牲品,代表了一类被旧社会的僵化文化所束缚的人。《阿 Q 正传》中的阿 Q 是封建社会底层民众在被压迫下自我麻痹的典型。

【答案】1. A　2. D　3. A　4. B　5. B　6. D　7. A　8. B　9. B　10. B　11. C　12. D　13. D

二、填空题

1. 鲁迅,原名周树人,字豫才,浙江绍兴人。他的诗作《自嘲》中的诗句"横眉冷对千夫指,________"是其一生人格精神的写照。

2. 鲁迅先生被人民称为"民族魂",他的创作体裁丰富,不仅有小说,还有杂文、散文、散文诗等,其中散文集的代表作是________。

3. 鲁迅有两部散文集,一是回忆性散文集________,收入《藤野先生》等篇;二是散文诗集________,收入《秋夜》等篇。

4. "投枪与匕首"指的是鲁迅的________,华小栓是小说________中的人物。

5.《拿来主义》选自鲁迅先生著名的杂文集________,《从百草园到三味书屋》选自其散文集________。

6. 鲁迅的第一本小说集是________,第一本杂文集是________。

7. 鲁迅为《呐喊》安置光明的尾巴的两部作品是《药》和________。

8. 鲁迅的________和《彷徨》是中国现代小说的开端与成熟的标志。

9. 鲁迅的小说《祝福》中的主人公是________,小说所说的"祝福"指的是________。

【答案】1. 俯首甘为孺子牛　2.《朝花夕拾》　3.《朝花夕拾》　《野草》　4. 杂文　《药》　5.《且介亭杂文》　《朝花夕拾》　6.《呐喊》　《热风》　7.《明

天》 8.《呐喊》 9.祥林嫂 鲁镇的年终大典

三、名词解释

1.鲁迅

答:鲁迅,原名周树人,浙江绍兴人。伟大的文学家、思想家和革命家,中国现代文学的奠基人之一。1918年,鲁迅在《新青年》杂志上首次以“鲁迅”为笔名发表的中国现代文学史上第一篇白话小说《狂人日记》,奠定了新文学运动的基石,后与《药》《故乡》等小说名篇一同收入小说集《呐喊》。鲁迅擅长杂文,有杂文集多部。鲁迅是20世纪中国的主要作家,也是新文化运动的领导人、左翼文化运动的支持者之一。

2.《狂人日记》

答:《狂人日记》是鲁迅的一篇短篇作品,是我国新文学史上第一篇短篇小说,收录在他的短篇小说集《呐喊》中。它也是中国第一部现代白话文小说。其内容大致上是以一个“狂人”的所见所闻,指出中国文化的朽坏。《狂人日记》的主题,据鲁迅说,是“意在暴露家族制度和礼教的弊害”。“弊害”何在?乃在“吃人”。鲁迅曾说,《狂人日记》“显示了‘文学革命’的实绩”,它以“‘表现的深切和格式的特别’,颇激动了一部分青年读者的心”。《狂人日记》是近代中国文学史上的一座里程碑,开创了中国新文学的革命现实主义传统。

3.《呐喊》

答:《呐喊》是鲁迅的短篇小说集,是中国现代小说的开端与成熟的标志,开创了现代现实主义文学的先河。作品真实地描绘了从辛亥革命到“五四运动”时期的社会生活,从革命民主主义出发,抱着启蒙主义目的和人道主义精神,揭示了种种深层次的社会矛盾,对中国的旧有制度及陈腐的传统观念进行了深刻的剖析和较为彻底的否定,表现出对民族生存浓重的忧患意识和对社会变革的强烈愿望。《呐喊》中收录了《狂人日记》《孔乙己》《药》《阿Q正传》《故乡》等著名小说。

四、简答题

《阿 Q 正传》被收入鲁迅哪部作品集？如何评价阿 Q 这一人物形象？

答：《阿 Q 正传》被收入鲁迅的小说集《呐喊》。

在《阿 Q 正传》中，鲁迅先生为我们塑造了一个辛亥革命时期，令人“哀其不幸，怒其不争”的农民典型。阿 Q 这一人物形象主要有以下几个特点：

（1）“精神胜利法”的极致运用者。所谓“精神胜利法”，是指某些人在现实生活中处于失败者的地位，但又不能正视现实，只一味地幻想未来，自尊自大、自轻自贱、以丑为荣、以欺凌更弱者来自欺自慰，陶醉于虚假的精神胜利之中。“精神胜利法”是一种麻醉剂，它使得阿 Q 不能正视自己的现实处境，安于屈辱的生活和命运。他的悲剧不仅在于他的死亡，更在于他人性的异化、精神的变态。

（2）各阶层国民劣根性的代表者。阿 Q 的内心世界囊括了整个封建社会中各色人的精神因素。这个人物身上包含了上层人的专横、下层人的卑怯，道学家的正经、流氓的无赖，保守派的安分、造反派的激进等。所以，阿 Q 又是一个“现代的我们国人的魂灵”。同时，由于人类各民族都不同程度地存在着类似的病态心理，所以阿 Q 的“精神胜利法”也是对人类的一种普遍的精神弱点的形象概括。

第二章　郭沫若

第一部分　考点归纳

一、作者简介

郭沫若,著名的诗人、剧作家和历史学家,广泛接触西方文学和文化。他发起成立创造社,是“五四”新文化运动的代表性人物之一。

二、主要作品

郭沫若于1919年开始写作新诗,并在1921年出版了诗集《女神》,奠定了其在中国新诗史上的地位。其主要作品有诗集《星空》《瓶》《恢复》《战声集》《蜩螗集》,历史剧《三个叛逆的女性》《屈原》《棠棣之花》《虎符》《高渐离》《孔雀胆》《南冠草》,小说集《地下的笑声》,文艺论集《天地玄黄》,回忆录《洪波曲》等。

三、文学影响

郭沫若是具有代表性的现代诗人,他以富于激情的诗歌创作和丰沛的想象力,开辟了现代自由体新诗的创作风尚;其历史剧借古讽今,将批判现实的爱国情怀和浪漫主义风格相结合,开创了现代性与民族性并存的文学道路。

第二部分　课后习题详解

1. 阅读《炉中煤》，你的第一印象是什么？你是怎样领悟到该诗的含义的？哪一点让你最受感动？梳理自己的感受，再回顾一下以前在语文课中学过的郭沫若的作品，结合导读中的提示，说说对郭沫若《女神》浪漫主义诗风的印象。

答：阅读《炉中煤》，第一印象是熊熊燃烧的"炉中煤"，高昂而热烈。作者以热烈、深沉的抒情，表达了对祖国的眷恋。其中最令人感动的是"我为我心爱的人儿燃到了这般模样"，作者采用拟人的视角，用"我年青的女郎""我心爱的人儿"来象征祖国，而以"炉中煤"的意象来形容自己，用"火一样的心肠"来描述炽热深切的爱国情怀。这个句子出现在诗作的开篇和结尾，以前后对照的方式形成一唱三叹、缠绵悱恻的效果，使得诗中的爱国激情淋漓尽致地展现了出来。

郭沫若的《女神》是一部浪漫主义诗集，具有浓郁的积极浪漫主义气息。主要体现在以下几点：

(1)采用了强化内在情感、喷发式宣泄的表达方式。不加掩饰地、赤裸裸地袒露自己是"五四"精神的一个重要方面，肯定自我和对未来的向往是《女神》的创作精神。如《凤凰涅槃》表现了对美好理想的追求、对未来的憧憬以及反抗、叛逆、创新的"五四"时代精神。

(2)具有张扬恣肆的奇特想象，呈现出宏伟的气势。大量采用历史和神话题材，境界开阔，文化韵味深厚。如《天狗》是想象艺术的杰出范例，诗的开头以幻觉让实我进入幻我，在一连串的想象活动中，张扬自我可谓达到极致，青春的热情光彩无比，一切旧的事物荡然无存。

(3)在形象描绘方式上充满了昂奋腾越的音调。诗歌中浓烈瑰丽的色彩、恢宏勇猛的形象，具有英雄主义的格调。诗人把整个大自然作为自己的书写对象，宇宙地球、日月星辰、山岳海洋、风雨雷电等统统囊括笔下，各种色彩集合在一起，造成了具有力量的意象群。如《地球，我的母亲》《光海》等。

(4)《女神》大胆借鉴西方近代自由体诗形式，自由奔放，实现了诗体的解放。这种自由体格式不拘，诗节不限，字数不定，音节自然，一切服从感情的倾泻。如《天狗》中为了表达自我超越的急切之情，连续用多个"我奔跑"。

《女神》中这种雄强刚健的气势、张扬恣肆的想象和充满激情的笔调,都是以往的文学史中极为罕见的,彰显出郭沫若浪漫主义诗歌的精神内蕴与现代品格,也体现了富于创造性和战斗性的"五四"时代精神。

2. 反复诵读《炉中煤》,体味其想象力和节奏感,想想新诗的语言形式和古典诗词有哪些明显的区别。最好还能设想一下,像《炉中煤》表达的内容和情感,如果改用旧体诗词来表达,会有什么不同的效果。

答:新诗的语言形式和古典诗词的区别在于:古典诗词含蓄,新诗率真。古典诗词格律严谨,善用比拟、夸张、借代等表现手法,有平仄、韵脚、句数的限制,讲求高度精练,意境优美。新诗没有格式上的限制,形式自由,内容开放,重意象,讲求更加自然地表达思想情感。

古典诗词在文体形式上过于僵化,这种僵化的形式严重地阻碍了精神的自由发展,因此要想表现新的内容和新的精神,必须打破那些束缚精神自由的枷锁。《炉中煤》在形式方面"主张绝端的自由,绝端的自主",这正与"五四"狂飙突进的时代精神及雄奇风格相适应。在《炉中煤》中,诗人用"我年青的女郎""我心爱的人儿"来比喻祖国,而以"炉中煤"的意象来形容自己,用"火一样的心肠"来描述炽热深切的爱国情怀,都是非常贴切而优美的比喻。诗中多次出现的意象,以前后对照的方式形成一唱三叹、缠绵悱恻的效果,使得爱国激情得到淋漓尽致的体现。这里的新诗即自由体诗歌,它受到的制约少,适于表达阔大而丰富的时代精神。如果改用旧体诗词来表达,《炉中煤》中诗人浓烈、自由、奔放的爆发式情感,就难以体现出来。

第三部分 典型习题详解

一、选择题

1. 诗集《女神》把新诗艺术推向新水平,被誉为中国现代新诗的奠基之作,它的作者是(   )。

A. 周作人　　B. 徐志摩　　C. 胡适　　D. 郭沫若

2. 下列哪部作品不属于郭沫若 20 世纪 40 年代创作的戏剧作品?(   )

A.《棠棣之花》　　B.《虎符》　　C.《海国英雄》　　D.《高渐离》

3. 话剧《屈原》是(　　)的作品。

A. 老舍　　B. 郭沫若　　C. 曹禺　　D. 田汉

4. 郭沫若在新中国成立后创作的话剧代表作之一是(　　)。

A.《王昭君》　　B.《高渐离》　　C.《蔡文姬》　　D.《卓文君》

5. 以下不属于郭沫若创作的诗歌的是(　　)。

A.《凤凰涅槃》　　B.《雨巷》　　C.《天上的街市》　　D.《天狗》

6. 郭沫若的《炉中煤》一诗,鲜明体现诗人无私奉献精神的诗句是(　　)

A. 我为我心爱的人儿,燃到了这般模样

B. 要我这黑奴的胸中,才有火一样的心肠

C. 我想我的前身,原本是有用的栋梁

D. 我活埋在地底多年,到今朝总得重见天光

【答案】1. D　2. C　3. B　4. C　5. B　6. A

二、填空题

1. 被称为我国现代文学三大巨匠的是鲁迅、________和茅盾。

2. “我便是我呀,我的我要爆了”出自郭沫若的________(作品)。

3. 历史剧《屈原》的作者是________,他的著名诗集是________。

4.《〈鲁迅诗集〉序》是由________写的。

5. 郭沫若以聂政为题材的作品是________。

6. 郭沫若在 20 世纪 20 年代创作的历史剧有《聂嫈》________《卓文君》,后结为《三个叛逆的女性》。

7. “远远的街灯明了,好像闪着无数的明星”节选自郭沫若的散文诗_____ 。

8.《地球,我的母亲》的作者是________。

【答案】1. 郭沫若　2.《天狗》　3. 郭沫若　《女神》　4. 郭沫若　5.《棠棣之花》　6.《王昭君》　7.《天上的街市》　8. 郭沫若

三、简答题

谈谈《女神》的艺术特色

答:《女神》在艺术上的成功使自由体的新诗真正达到了“诗”的境界。

(1)诗中强调形式方面“绝端的自由,绝端的自主”,因而不追求任何一种固

定的诗的格式。它任凭感情驰骋,自然流露,依据内在的感情节奏,自然地形成诗的韵律。

(2)雄奇壮丽的风格。《女神》虽有像《霁月》《雪朝》《晨兴》等冲淡壮丽风格的诗,但最能代表《女神》浪漫主义风格特征的还是其雄奇、壮丽的诗。这种雄奇、壮丽的风格可以从两方面看:内容上体现为重大、雄奇的题材(如《凤凰涅槃》),热烈奔放的爱憎情感(如《晨安》),鲜明深邃的主题、奇特伟岸的形象(如《天狗》);形式上体现为奇诡的象征技巧、极度夸张的手法、雄浑奔放的节奏、跳跃自由的句式、色彩瑰丽的语言。

(3)自由的形式、多样的体裁。《女神》充分体现了郭沫若在诗的形式上所主张的"绝端的自由"。诗句长短随抒情而定,不拘格套;节奏的快慢强弱依境界而设,自由奔放。在体裁方面,《女神》采用了自由诗、散文诗、格律诗、古体诗和诗剧等多种形式。丰富多样的体裁恰好满足了诗人同样丰富多彩的感情内容需求,充分显示了积极浪漫主义诗歌的多样神采。

第三章　茅　盾

第一部分　考点归纳

一、作者简介

茅盾，中国新文学第二个十年出现的最重要的小说作家。原名沈德鸿，字雁冰。在 1927 年以后主要从事文学创作，同时参与 20 世纪 30 年代左翼文学活动和抗战时期的文学活动。

二、主要作品

中篇小说《幻灭》《动摇》《追求》(《蚀》三部曲)，长篇小说《虹》《子夜》《第一阶段的故事》《霜叶红似二月花》《锻炼》《腐蚀》等，短篇小说《林家铺子》《春蚕》《水藻行》等，散文《白杨礼赞》《风景谈》等。

三、文学影响

茅盾的小说写作形成了带有鲜明个人风格的范式：(1)重视题材的社会性、主题的重大性，反映时代全貌及其发展的史诗性，追求巨大的思想深度和广阔的历史内容；(2)着重从经济的变动反映都市与乡村的变化，用阶级和阶级斗争理念来观察、分析和表现复杂社会关系中的人物典型，具有鲜明的政治倾向。其作品通过小说艺术和社会科学的结合，开创了“社会剖析”小说的叙事模式。在人物形象塑造上，茅盾善于描写民族资本家和时代新女性两个系列。

第二部分　课后习题详解

1.通读《春蚕》全文,说说你对老通宝形象的认识。

答:第一,老通宝身上体现了善良本分、勤俭肯干的特点。像他创业的祖父辈一样,老通宝有自己执拗的信念:勤俭就能发家。尽管生活艰难,但他想以辛勤的劳动来挽回颓败的家运。从“窝种”到“宝宝上山”,老通宝及其全家“忍饥熬夜”一个多月,耗尽心血。在他身上,集中体现了中国农民吃苦耐劳的传统美德。

第二,老通宝身上反映了老一辈中国农民的顽固、愚昧以及蛮干的特点。老通宝固执地选择相信过往经验,缺少对问题的深入分析。例如,镇上的陈大少爷说过,今年上海不太平,丝厂都关门,恐怕茧厂也不能开。但是老通宝不肯相信,原因在于“他活了六十岁,反乱年头也经过好几个,从没见过绿油油的桑叶白养在树上等到成了‘枯叶’去喂羊吃……”说明老通宝过分参考以往的经验,而拒绝对现实状况进行理性分析。

第三,老通宝迷信守旧,把希望寄托于神灵的庇护,敬奉蚕神,恪守种种禁忌。比如,用大蒜头来“卜”蚕花好否,蒜叶多主蚕熟,少则不熟,体现了老通宝的迷信守旧。

总之,老通宝是一个善良本分、勤俭肯干的小生产者,同时也是一个反理性、奉行经验主义和迷信思想的人物,是老一辈中国农民的缩影。

2.阅读茅盾的其他小说(最好是阅读《子夜》),理解和认识社会剖析小说的叙事形态与模式。

答:社会剖析小说十分注重人物活动的社会背景的交代,注重广阔的社会画面和复杂的社会矛盾的描绘,从而揭示社会关系和社会发展的必然规律,分析社会结构和社会走向。理解和认识社会剖析小说的叙事形态与模式,以茅盾的长篇小说《子夜》为例。

(1)《子夜》的艺术结构十分严谨。它以民族工业资本家吴荪甫和买办资本家赵伯韬之间的矛盾和斗争为主线,把众多的人物、纷繁的线索,集中在两个多月里加以表现,主次分明,条理清晰。

(2)《子夜》以广阔的社会背景为底衬,将舞台设置于 20 世纪 30 年代初期的上海。《子夜》中的人物活动就集中在这样一个广阔的历史背景中，作者把30年代初期从农村到城市的错综复杂的社会矛盾与斗争有条理地组织在一起，生动地展现了极为广阔的生活图景。

(3)《子夜》中的吴荪甫这一形象，有一定社会意义和理论意义。作为半封建半殖民地中国的民族资产阶级的典型人物，吴荪甫是一个性格鲜明的矛盾统一体。作者通过叙述主人公吴荪甫的事业兴衰史与性格发展史，牵动其他多条线索，从而使全篇既展示了丰富多彩的场景，又沿着一个意义指向纵深推进，最终以吴荪甫的悲剧结局，暗示了中国的真正出路之所在。

第三部分　典型习题详解

一、选择题

1. 下列对茅盾《子夜》的表述，不正确的是(　　)

A.《子夜》是中国现代文学中第一部反映民族资本主义工业化过程的长篇小说

B. 吴荪甫是小说中的主要人物，象征着民族资本家的成功与希望

C. 小说揭示了民族资本主义在内外矛盾冲突中的艰难处境，展现了社会动荡中的悲剧命运

D. 小说通过描写经济危机与阶级斗争，反映了中国社会的深刻变革

【解析】吴荪甫并不是成功与希望的象征，反而代表了民族资本家在重重危机中的无力和失败，最终他走向了破产。

2. "社会剖析派"小说《子夜》在1933年的问世，奠定了(　　)在中国现代文学史上的地位。

A. 老舍　　B. 巴金　　C. 茅盾　　D. 鲁迅

3. 被誉为20世纪"中国的巴尔扎克"的是(　　)。

A. 许地山　　B. 叶圣陶　　C. 周树人　　D. 沈德鸿

4.《林家铺子》的作者是(　　)。

A. 张恨水　　B. 朱自清　　C. 茅盾　　D. 老舍

5. 为了奖励长篇小说创作，我国设立的奖项是(　　)。

A. 茅盾文学奖　　B. 长江韬奋奖　　C. 鲁迅文学奖　　D. 文华奖

【答案】1. B　2. C　3. D　4. C　5. A

二、填空题

1. 茅盾的代表作“农村三部曲”包括________ ________ ________,“蚀三部曲”包括________ ________《追求》。

2. 茅盾在《子夜》中塑造的民族资本家形象是________。

3. 中国现代小说家茅盾的代表作________是我国现代文学史上一部杰出的现实主义长篇小说。

4. 茅盾的小说________以“一·二八”战事后江南农村为背景,写老通宝一家蚕花丰收成灾的故事,深刻揭露了贫苦的罪恶的根源是帝国主义的侵略和国民党的统治。

5. 1929 年茅盾发表长篇小说________,标志着茅盾的创作思想已从小资产阶级立场转向了无产阶级立场。

6. 孙舞阳是小说________的人物,这部小说和另外两部小说________、________合称为________。

【答案】1.《春蚕》《秋收》《残冬》《幻灭》《动摇》 2. 吴荪甫 3.《子夜》 4.《春蚕》 5.《虹》 6.《动摇》《幻灭》《追求》《蚀》三部曲

三、名词解释

1. 茅盾

答:原名沈德鸿,字雁冰。他是新文化运动的先驱者、中国革命文艺的奠基人之一,也是文学研究会发起人之一,提倡“为人生”的现实主义文学。茅盾的文学思想核心是现实主义文学观,他的创作反映了中国大时代的动态,其本人被誉为“20 世纪中国的巴尔扎克”。茅盾的代表作有长篇小说《虹》《子夜》《腐蚀》等、中篇小说《幻灭》《动摇》《追求》(《蚀》三部曲),其中《子夜》被誉为中国第一部成功的现实主义作品,确定了他在中国现代文学史上作为一位卓越的革命现实主义作家的地位。他的短篇小说有《林家铺子》《春蚕》《水藻行》等,散文名篇有《白杨礼赞》《风景谈》等。

2. 茅盾文学奖

答:茅盾文学奖是以我国著名作家茅盾先生的名字设立的长篇小说文学

奖。茅盾生前曾捐赠 25 万元作为基金。此奖项的设立旨在推出和褒奖长篇小说作家和作品，推动我国文学繁荣发展。1981 年中国作家协会设立此奖，从 1982 年开始，每四年评选一次，是我国最高荣誉的文学奖项之一。

四、简答题

1. 谈一谈“农村三部曲”的思想内容和艺术成就。

答：“农村三部曲”包括《春蚕》《秋收》《残冬》，以三部曲的形式深刻地反映了中国农村阶级矛盾的日益深化、农民迅速破产的悲惨命运以及他们定会走上反抗道路的历史必然。

(1)作品描写了 20 世纪 30 年代江南农村蚕农老通宝一家养蚕“丰收成灾”的悲惨事实。他们一家人的悲剧命运折射出了旧中国社会的全貌，反映了农民在帝国主义经济侵略的社会里被残酷压迫和剥削，苦苦挣扎的困境。

(2)作品勾勒了两代中国农民不同的思想与行为，预示着他们在遭遇社会的各种冲突和矛盾时选择不同的道路。老通宝是老一辈农民的典型代表，而他的儿子多多头属于新型的农民形象，他既有父亲勤劳质朴的传统美德，又有着传统农民所没有的清醒和务实，是正在觉醒中新型农民的代表。

(3)作品以工细的笔墨描写了自然优美景物，赋予其深刻的象征意义。此外，作品大量描写了养蚕的过程、淳朴的民俗风情，为烘托人物的心境作了殷实的铺垫。

2. 以《子夜》为例，论说茅盾的写作特点。

答：茅盾是中国现代文学史上的重要作家，他创作的大量作品丰富了中国现代作品文库，促进了中国小说创作的成熟。在他的作品中，长篇小说《子夜》最具代表性，以此作为观照，总结出茅盾的写作特点有：

(1)宏大严谨的结构特征。纷繁的社会生活与历史进程的展示以及日常生活的描写，形成了《子夜》内容的诸多头绪，而各条线索合成一个庞大、复杂的艺术构架便成为作品首要的艺术特征。同时，作者又善于根据矛盾冲突的不同发展阶段的情况，运用烘托对比、虚实处理、前后照应等艺术手法，巧妙地安排故事情节，做到引人入胜而又不落俗套。作品以吴荪甫为矛盾冲突的轴心，辐射各种人物和事件。

(2)成功的心理描写。《子夜》中的心理描写占了很大比重，尤其是对人物的下意识和幻觉的描写增强了整个作品心理分析的色彩。这种心理分析的艺术效果并不仅仅驻足在传统的写实主义手法的应用上,而是明显地运用了象征主义的手法,这种象征主义的手法或隐或显地贯穿作品的始终。小说第一章中吴老太爷的一切言行总是围绕着一个总体象征展开,读者可以通过许多散在的象征性细节描写窥见这个封建人物的内心世界,如吴老太爷面对快节奏的都市生活闭起双眼、全身发抖的细节,强烈地表现出人物此时此刻的巨大心理落差。

(3)富有象征意味的色彩与声音的描写。这与小说中人物心理的刻画相互照应。在《子夜》第七章中,作者在描写吴荪甫内外交困的心境时,始终伴以自然景象的描写:灰色的云块、闪电、雷鸣……不同层次的音响效果和不同基调的色彩与吴荪甫内心世界的情绪起伏相互照应。

第四章　巴　金

第一部分　考点归纳

一、作者简介

巴金，原名李尧棠，“五四运动”之后开始接触新思潮，无政府主义思想对其影响较大。1928 年他发表处女作《灭亡》，开始使用“巴金”这个笔名。从 1928 年至 1949 年，巴金共创作了 18 部中长篇小说、12 部短篇小说集、多部散文随笔，并出版了 30 多种外国文学译作。

二、主要作品

“爱情三部曲”《雾》《雨》《电》，“激流三部曲”《家》《春》《秋》以及《憩园》《第四病室》《寒夜》《随想录》等。

三、文学影响

巴金文学思想的核心是“真实”，强调作家应该忠实于生活。巴金是一个热情真诚、富于诗人气质的小说家，他的小说充溢着真挚而激越的情感。他始终关注青年人的生活与命运，讴歌和赞美青春，这使得他笔下的“青年世界”成为 20 世纪 30 年代文学中最具有影响力的一部分。

第二部分　课后习题详解

1. 巴金《家》的主角是觉慧,写他的篇幅最多,但有一种看法认为《家》中写得最成功的人物是觉新。你是否赞同这种观点?觉新给你最深的印象是什么?分析一下这个人物的性格和心理矛盾,理解其所表达的时代文化内涵。

答:我赞同《家》中写得最成功的人物是觉新。觉新给我最深的印象是父亲把他叫到房里去对他说给他找了一门亲事,让他成亲。这时候"他不说一句反抗的话,而且也没有反抗的思想。他只是点头,表示愿意顺从父亲的话。可是后来他回到自己的房里,关上门倒在床上用铺盖蒙着头哭,为了他的破灭了的幻梦而哭"。面对突如其来的这一切,他没法反抗,只能在理想和责任之间选择了牺牲理想和爱情而担起家庭责任。

觉新是高家的长房长孙,这个封建大家庭的未来责任应该由他来承担。高觉新自小就是个听话、孝顺的好孩子,有着合乎传统礼教的孝子贤孙的理想性格,是父母心目中的"宁馨儿"。而这也是导致他悲剧命运的致命弱点。他的思想性格被封建宗法观念和封建礼教严重地扭曲,具有双重性:一方面,他受到"五四"新思想的熏陶,曾经有过梦想,甚至去德国留学深造,他渴望无拘无束的生活和美好的前途;另一方面,长房长孙的地位和封建家庭的教养又使他逆来顺受,屈服于封建家庭对他生活道路的安排。觉新是封建家庭中的软弱者,他是能清醒认识到自己的悲剧命运又怯于行动的知识分子形象,是在封建家庭和旧礼教的毒害下人格分裂的悲剧典型。

觉新是小说中最为复杂,也最能显示作者写作功力的人物形象。巴金通过觉新这个人物的塑造,写出了处在新旧转型时代的个人所具有的复杂性,体现了深刻的思想内涵和极高的艺术价值。

2. 文学史称巴金的《家》是"青春型"创作。结合自己的阅读体会,从作品的题材、语言和抒情风格等方面说说,这种似乎"不成熟"的小说,为何能赢得同时代读者普遍的欢迎?

答:巴金在《家》中营造了一个"青春的世界",这里单纯、朴素,充满激情。巴金善于用充满感情色彩的词语和动势强烈的句式营造一种浓烈的审美氛围,特别能唤起青年读者的共鸣。

在题材方面，小说以封建大家庭腐烂、溃败的历史为题材，以反封建为外表，隐含着反对一切形式的强权压迫、维护个性的绝对自由的内涵，展现了封建势力与青年人之间的压迫与反抗，歌颂了青年知识分子的觉醒、抗争。而这些即使放在当今时代也没有过时，仍然能感动今天和未来的广大青年。

在语言方面，小说的语言简洁生动，流畅奔放，具有浓烈的感情色彩。比如“(觉慧)把祖父的瘦长的身子注意地看了好几眼。……这只是整整一代人的代表。他知道他们，这祖孙两代，是永远不能够了解的。但是他奇怪在这个瘦长的身体里面究竟藏着什么东西，会使他们在一处谈话不像祖父和孙儿，而像两个敌人”。以孩子般的视角审视长辈，“把祖父的瘦长的身子注意地看了好几眼”里包含了两代人之间的矛盾，表明了觉新对这个封建家长和封建制度的痛恨。

在抒情方面，小说中“我不是奢侈家，不是命运和自然的爱子。我只是一个劳动者。我穿着自己的围裙，在自己的黑暗的工厂里，做自己的工作。我是青年，我不是畸人，我不是愚人，我要给自己把幸福争过来”。表现了觉慧强烈的抗争意识：想要改变自己的命运，自己把幸福争过来。他是反抗封建专制的叛逆者，他所体现的这种对理想的追求、对青春的热情和奋斗的精神，正是各时代青年所共有的，因此能让读者产生共鸣。

第三部分　典型习题详解

一、选择题

1. 巴金的小说《寒夜》是写(　　)地区的事情。

A. 北京　　B. 上海　　C. 重庆　　D. 成都

2. 下列关于巴金的“激流三部曲”《家》《春》《秋》的理解，正确的是(　　)

A.《家》反映了封建家庭内部的团结和谐

B.《春》表现了女性在封建家庭中的觉醒和反抗

C.《秋》讲述了封建礼教下家庭的兴旺和传承

D.“激流三部曲”主要通过爱情故事歌颂封建制度

【解析】巴金的“激流三部曲”揭示了封建家庭的内部矛盾，尤其是《春》，表现了女性在封建束缚下的觉醒与反抗。

3. 巴金《家》中的主要人物(　　)是"多余人"形象。

A. 觉慧　　B. 觉新　　C. 觉民　　D. 高老太爷

4. 被誉为"当代中国知识分子的良心"的是(　　),他晚年创作的《随想录》被评价为"敢于说真话"。

A. 巴金　　B. 鲁迅　　C. 老舍　　D. 曹禺

【答案】1. C　2. B　3. B　4. A

二、填空题

1. 巴金的"爱情三部曲"是指________、________、________。

2. 巴金的长篇小说"激流三部曲"中的________是我国现代文学史上描写封建家庭历史最成功的作品。

3. 电影《英雄儿女》是根据巴金创作的小说________改编而成的。

4. 觉慧、鸣凤是巴金的小说________里的人物。

【答案】1.《雾》《雨》《电》　2.《家》　3.《团圆》　4.《家》

三、名词解释

1."激流三部曲"

答:"激流三部曲"是中国现代著名的小说家、散文家、翻译家巴金的早期代表作,包括《家》《春》《秋》三部长篇小说,其中《家》的艺术成就最高。"激流三部曲"是巴金呼吁民主自由、尊重人格、人性解放的最鲜明的一面旗帜,在中国现代文学史上占据着重要的地位并起着巨大的作用。"激流三部曲"不仅展现了封建家庭内部的罪恶和腐败、倾轧和迫害,还表现了青年一代在"五四"新思潮影响下的觉醒和对封建势力的不懈斗争,满怀激情地歌颂了他们反叛封建家庭、封建制度的革命行动。

2.《寒夜》

答:《寒夜》是巴金的一部长篇小说,创作于 20 世纪 40 年代,围绕汪文宣、曾树生、汪母之间的矛盾展开故事情节,描写了一个知识分子家庭逐渐走向破裂的过程。作品通过小人物的苦难来谴责旧社会、旧制度,对国民党的反动统治进行了沉痛控诉。它的艺术风格朴素自然,结构上没有刻意布局。情节的每一次起伏发展，都是在一系列日常生活琐事中不知不觉推进的。这部作品是巴金在现实主义艺术探索中的成熟之作。

四、简答题

简述《家》中觉新的形象。

答：觉新是《家》中的人物，也是巴金为中国新文学提供的一个崭新的艺术形象。他是一个能够清醒地认识到自己悲剧命运却又怯于行动的"多余人"，是在封建礼教毒害下人格分裂的典型。

（1）觉新绝不是愚昧麻木的。"五四"新空气使他和他的弟弟妹妹们一样，清楚地认识到是旧家庭、旧礼教夺取了他的青春，并知晓封建家庭必然崩溃的命运。但他与他的弟弟妹妹们的根本区别在于，他本身就是这一行将崩溃的家庭制度的产物，他无法甩掉这个包袱。他整个人是属于这个制度的，他无法想象自己离开了这种家庭的生活方式将会变成什么样，所以他只好在险象丛生的环境下小心翼翼地过日子。他并非不知道其他牺牲者的冤枉，可是为保一己的片刻安宁，只好把同情咽进肚子里。

（2）觉新是一个新旧参半、内心矛盾的人物。他的性格核心是妥协、调和、屈从，一方面维护封建大家庭的延续，另一方面尽力保护弟弟妹妹们的正常生活甚至支持弟弟出走。他无法像觉慧那样，大胆地反抗这个封建家庭，因为他是这个家庭的"长房子孙"，担负着中兴这个家庭的历史责任，他受到的封建教育和个人内心的道义责任，都不允许他像弟弟妹妹们那样冲破家庭牢笼，走向新生。他处处维持着这个溃烂的家庭，甚至为缓和它的内部冲突而不得不去做它的帮凶。他一次次向恶势力妥协，每一次的退让都是以牺牲别人（包括他所爱的人）来换取一己的暂时安宁——为此，他也付出了惨痛的代价。

觉新体现了在新旧转型时代个人所具有的复杂性。

第五章　老　舍

第一部分　考点归纳

一、作者简介

老舍,中国现代文学史上最重要的写作都市题材的作家之一。老舍原名舒庆春,字舍予,满族,生于北京的城市贫民家庭,在大杂院里度过贫寒的幼年和少年时光,喜爱市井胡同里的戏曲和民间说唱艺术,熟悉从语言到习俗的京味文化。

二、主要作品

长篇小说《老张的哲学》《赵子曰》《二马》《猫城记》《离婚》《牛天赐传》《骆驼祥子》《四世同堂》,中篇小说《我这一辈子》,短篇小说《断魂枪》《月牙儿》《柳家大院》《微神》,话剧《龙须沟》《茶馆》等。

三、文学影响

老舍在中国现代文学史上的独特地位与价值在于:对北京市民日常生活与习俗民风进行了全景式描写,通过对老派北京市民形象的塑造和对其城市市民形态的"国民性"的揭示,成为北京市民形象与北京和中国文化及其关系的发现者、批判者。他在具象的人物塑造和行为描写中,凝聚和表现出比较鲜明强烈的文化批判与对民族问题的认识、思考。同时,老舍的都市题材小说还表现出对现代与传统、城市文明病与人性关系等诸多问题的反思与探讨。

第二部分　课后习题详解

1. 成功的经典作品往往具有多种含义，可以从不同角度去理解和说明。比如解释祥子悲剧的原因，可以从社会压迫，从落后的传统观念和“国民性弱点”，或者从城市文明与人性的冲突等多个方面去阐释。你阅读《骆驼祥子》时有无想过这些问题？现在再细读这两章，是否有更深入的理解？你想侧重从哪些方面去解释祥子的悲剧呢？

答：祥子悲剧的原因有很多，既有个人的，也有社会的。从个人来说，祥子来自农村，衰败的农村使他无法生存下去，尽管他来到城市，努力勤奋，渴望靠自己的双手开始新的生活，可是他身上仍然存在许多思想局限，在尝试各种工作失败后，最后选择拉洋车。城市的生活并没有改变祥子的思维方式，他习惯于个体劳动，目光狭隘，所以他无法看清残酷的现实，也无法认识到他所处环境的险恶。他一心只想拼命赚钱，早一天实现自己的理想，有着改变自己生活状况的迫切要求，但他却没有看清当时的社会本质，更不懂得走什么样的道路才能从根本上获得新生。祥子作为一个尚未觉醒的个体劳动者，不具备看清周围残酷现实的能力，也没有改变自己的思维方式。从社会环境来说，在一个既有阶级性的政治和经济压迫，又有无所不在的黑恶势力的整体性环境里，通过个人力量摆脱厄运，是根本不可能的。祥子的一切不幸，都是来到城市后遭遇的。小说揭示出城市文明的阴暗和糟粕具有一种对人的身体和心灵极强的腐蚀同化力量，是吞噬美好德行的魔窟。因此，祥子的愿望和追求都是不切实际的，等待他的只能是悲惨的结局。

2. 人们常称赞老舍作品的“京味”。阅读《骆驼祥子》，你能体会到什么样的“京味”？能否从所描写的地域文化习俗、社会心理或者语言的角度去分析一下？

答：老舍的《骆驼祥子》充满了浓郁的“京味”，具有鲜明的民俗风情。作者描写北京的人和事、北京的环境和风尚，显示出取材的地域特色。作者用原汁原味的北京素材来推动小说情节的发展，勾勒故事中人物的灵魂，呈现出浓厚的“京味”。

(1)北京方言的大量运用。在《骆驼祥子》中,老舍使用了大量的北京口语,他说:“好友顾石君先生供给了我许多北平口语中的字和词。在平日,我总以为这些词汇是有音无字的,所以往往因写不出而割爱。现在,有了顾先生的帮助,我的笔下就丰富了许多,而可以从容调动口语,给平易的文字添上些亲切、新鲜、恰当、活泼的味儿。”

在老舍的作品中,北京口语随处可见:跑得也怪“麻利”的,到上海去了“一程子”,不至都“放了鹰”,到这里来“鼓逗”钱,你“横是”多少也有个积蓄等。这些语言的使用确实使文字亲切、新鲜、恰当、活泼,同时使地方色彩更加浓郁。一看到这些话,人们就立刻感到了北方的气息。

(2)对北京文化心理结构的深刻揭示。老舍的小说对北京文化心理结构的揭示可用“官样”一语概括。“官样”体现在:北京人讲究体面、排场、气派,追求精巧的“艺术生活”;无论经济、地位状况如何,在场面上都要“脸面”。如:“那经验十足而没什么力气的车夫……一走一探头;这样,他们就带出跑得很用力的样子,而在事实上一点也不比别人快;他们仗着‘做派’去维持自己的尊严。”

(3)人物语言和对话高度个性化。祥子的语言厚重而朴拙,他第一次买车时,心情激动,只会说:“我要这辆车!”卖车的铺主夸耀车好,希望加价,祥子还是那句话:“我要这辆车,九十六!”这同他的坚实沉默的性格是一致的。虎妞的语言则简劲、粗野、泼辣。小说的语言运用很成功,在活的北京口语的基础上锤炼出纯净的文学语言,体现了作者独特的艺术风格。

第三部分　典型习题详解

一、选择题

1.(　　)以北京小羊圈胡同为背景,刻画了以祁家为主的众多普通人的形象。

A.《四世同堂》　B.《团圆》　C.《雷雨》　D.《家》

2. 老舍的话剧《茶馆》和贝克特的《等待戈多》的共同之处是(　　)。

A. 充满追求自由和解放的浪漫主义精神

B. 具有强烈的社会批判精神

C. 描写了社会历史的转变

D. 反映了当代人的精神创伤

3. 下列作品、剧作家、剧中人物连线完全正确的一项是(　　)。

A.《蔡文姬》——曹禺——蔡文姬

B.《关汉卿》——郭沫若——关汉卿

C.《茶馆》——老舍——王利发

D.《桃花扇》——洪昇——李香君

4. 下列戏剧作家与作品对应不正确的一项是(　　)。

A.《屈原》——郭沫若　　B.《车夫之家》——老舍

C.《日出》——曹禺　　D.《一只马蜂》——丁西林

5. 以下属于老舍创作风格的是(　　)

①作品轻松幽默而有思考、有批判、有深度。②作品大多取材于农村生活,生活气息醇厚。③作品中人物语言是提炼过的北京白话,"俗"而精致,雅俗共赏。④吸收西方戏剧艺术表现技巧,大量采用内心独白呈现主人公心理活动

A. ①③　　B. ②④　　C. ③④　　D. ①②

【解析】②为臧克家作品风格,④为曹禺作品风格。

【答案】1. A　2. B　3. C　4. B　5. A

二、填空题

1. 1951 年被北京市人民政府授予"人民艺术家"称号的作家是________,他创作的剧本有________《龙须沟》等。

2. 老舍《四世同堂》包括《惶惑》________《饥荒》。

3. 由田汉创作的《关汉卿》和老舍创作的________成为新中国成立之后话剧创作中的两大巅峰之作。

4. 老舍的________反映了旧中国社会近半个世纪的兴衰演变,从而达到了作者"葬送三个时代"的目的。

5. "京味小说"的开创者是________,他创作了长篇小说《骆驼祥子》,讲述了底层人民改变命运失败的坎坷和悲惨经历。

6. 老舍的________,描写的是一个旧社会警察的悲惨一生。

7. 1958 年,导演________、________在北京人民艺术剧院首次将________的《茶馆》搬上舞台。

8. 我国许多现当代著名作家的名作已被改编成电视剧,成为电视剧精品,

如老舍的________、钱钟书的________等。

【答案】1. 老舍 《茶馆》 2.《偷生》 3.《茶馆》 4.《茶馆》 5. 老舍 6.《我这一辈子》 7. 焦菊隐 夏淳 老舍 8.《茶馆》《围城》

三、名词解释

1.《茶馆》

答:《茶馆》是中国著名现代文学家老舍于1956年创作的话剧。他以独特的艺术手法,展示了戊戌变法、军阀混战和新中国成立前夕三个时代近半个世纪的社会风云变化。《茶馆》结构上分三幕,一幕写一个时代,描绘了北京各阶层出入于这家大茶馆的形形色色的人物,构成了一个完整的"社会层次"。作品形象地描摹了日寇铁蹄下广大平民的悲惨遭遇和反抗斗争,刻画了一系列栩栩如生的艺术形象。全剧以小见大,展示出了一幅气势庞大的历史画卷。

2.《四世同堂》

答:《四世同堂》是中国著名作家老舍创作的长篇小说。故事发生在抗战北平沦陷时期,以胡同内祁家四世同堂的生活为主线,辅以北平小羊圈胡同各色人等的荣辱浮沉、生死存亡,刻画了当时社会各阶层众多普通人的形象,深刻地展示了普通人在大时代历史进程中所走过的艰难曲折的道路。忍辱负重,觉醒抵抗,胡同里的人们彻底地懂得了国之尊严、民族之尊严、人之尊严。

3.《骆驼祥子》

答:《骆驼祥子》是老舍的长篇小说。它以20世纪20年代末期的北京市民生活为背景,以人力车夫祥子的坎坷悲惨生活遭遇为主要情节,深刻揭露了旧社会的黑暗,控诉了统治阶级对劳动者的剥削、压迫,表达了作者对劳动人民的深切同情,向人们展示了军阀混战、黑暗统治下的北京底层贫苦市民生活于痛苦深渊中的图景。作者用祥子力图通过个人奋斗摆脱悲惨生活命运,最后失败以至于堕落的故事,告诉人们在一个既有阶级性的政治和经济压迫,又有无所不在的黑恶势力的整体性环境里,通过个人力量摆脱厄运,是根本不可能的。作品艺术结构单纯,语言平实质朴,充满"京味"。

四、简答题

1.老舍小说的艺术特色是什么?

答:老舍小说的艺术特色有以下三点:

(1)构筑"市民世界"。老舍用小说构筑了一个广大的市民世界,包括老派市民、新派市民、城市贫民等。他用文化来分割人的世界,关注特定文化背景下人的命运。他常常通过戏剧性的夸张,揭示老派市民的精神病态,从而实践他对北京文化乃至传统文化中消极落后方面的批判。

(2)"京味"十足。首先,"京味"体现在老舍对北京市民生活的选取。他写北京大小杂院、四合院、胡同中的市民凡俗生活,写各种职业生活和寻常世相,为读者描绘了丰富多彩的北京风俗画。其次,老舍用"官样"概括北京的文化特征,包括讲究体面、排场、气势、精致的生活艺术,讲究礼仪、懒散温厚的生活态度。

(3)语言幽默。老舍曾旅居英国五年,语言幽默一方面受到狄更斯等英国文学家的影响,另一方面与其本身的性格、气质有关。他的幽默既是对现实不满的一种发泄,又是对自身不满的一种嘲解,是生命的润滑剂。

2.话剧《茶馆》在艺术结构上有什么特点?

答:话剧《茶馆》在艺术结构上有以下三个特点:

(1)时间和地点编排呈现出完全相反的态势,地点高度集中,时间高度分散。《茶馆》的三幕戏都发生在同一地点,但时间却跨越了半个世纪。时间的分散需要通过地点的聚集来聚拢,从而为剧本展现广阔的生活场景奠定了基础。

(2)情节高潮不断但矛盾冲突并不集中。戏剧场面的布置秩序井然,形成的矛盾冲突分布相对均匀,如庞太监与秦仲义的矛盾等。这些矛盾环环相扣,逐渐铺开,构成了一连串的戏剧性场面。

(3)人物虽多,但结构严谨。作者安排众多不同身份的人在同一个茶馆汇聚,多重价值观和多种生活方式在同一个茶馆中交织碰撞,用生活变迁反映社会变迁,抓住了人物的典型特征,使人物形象更加生动、鲜活。

第六章　曹　禺

第一部分　考点归纳

一、作者简介

曹禺,原名万家宝,是中国现代文学史上大师级的剧作家。他出生于没落的官僚家庭,从小就受到传统戏曲文化的熏陶。1922 年进入“中国话剧运动的摇篮”——南开中学后,参加南开新剧团,获得丰富的舞台实践经验。

二、主要作品

1933 年,曹禺完成四幕剧《雷雨》,之后他连续发表了《日出》《原野》(标志着中国现代话剧艺术的成熟)。抗日战争全面爆发后,曹禺又陆续创作了《蜕变》《北京人》《家》等剧作,戏剧风格有所转变,特别是《北京人》,曹禺从“戏剧化的戏剧”向“生活化的戏剧”转变,是对日常生活的内在诗意的发掘。

三、文学影响

曹禺的剧作具有丰富的多层次的戏剧内涵。他通过戏剧深入发掘现实人生,展现真实人性的复杂面。曹禺的戏剧创作为中国现代话剧的发展开拓了广阔的领域,提供了自由的发展前景,使中国现代话剧剧场艺术得以确立,并最终影响了中国现代话剧的整体走向。

第二部分　课后习题详解

1.《雷雨》的主人公是谁？说说你的理由。

答：我认为《雷雨》的主人公是蘩漪。

剧中蘩漪是故事情节发展的推动者，处在矛盾的中心，她作为一个连接两代人的工具，既起到了某种联系作用，又突出了其他人的性格特征。蘩漪复杂、独特的形象使她成了《雷雨》的主人公。她的性格是极端压抑与极端叛逆的结合，她追求爱情、追求自由、追求人的生活，疯狂而又矛盾，正是我们民族的柔弱性格中潜在"蛮力"的代表。然而，她的呼声微不足道，她没有力量改变一切，最后只能"掉在冰川里，冻成死灰"，在命运的悲剧中毁灭一切，使得"郁热"的雷雨轰轰烈烈地爆发，大大加强了作品的层次感与深刻度。

2.在《雷雨》序中，曹禺声明他创作此剧时，"在发泄着被抑压的愤懑，毁谤着中国的家庭和社会"；然而他同时又说，"《雷雨》对于我是个诱惑，与雷雨俱来的情绪蕴成我对宇宙间许多神秘的事物一种不可言喻的憧憬"。你如何理解这两种创作心理状态(或指向)及其在剧作中的体现？

答：第一种创作心理指向的是对中国封建大家庭和传统父权制社会的不满和愤懑。曹禺笔下的"家"，不是一个温馨甜蜜的所在，而是令人窒息的樊笼，《雷雨》的周公馆便是其中典型。《雷雨》中的人物可以分为三类：第一类以周朴园为代表，他本身就是这个樊笼的一部分，是"家"的某种人格化的表现。他专制、冷漠、自私，容不得一点新东西，压抑束缚人的个性。第二类以周冲为代表，他是新生的一代，与"家"水火不相容。他的朝气、热情、无所畏惧的精神给昏暗压抑的"家"增添了一抹亮色，虽然微弱，却给人以希望。第三类以周萍、蘩漪为代表，从本质上讲，他们并不属于这个"家"，"家"的沉闷、窒息，使他们不止一次地萌生过冲出牢笼的想法。然而，他们或始终没有放手一搏的勇气，或做困兽之斗，最终与"家"同归于尽。

第二种创作心理中的"憧憬"指向的是作者对宇宙意识的一种理解，或者说渴望理解的心愿。我们可将这段话与曹禺的解释对读："《雷雨》所显示的，并不是因果，并不是报应，而是我所觉得的天地间的残忍。……在这斗争的背后或有一个主宰来管辖。……我始终不能给它以适当的命名，也没有能力来形容它的真实相貌。因为它太大,太复杂。”也就是说,《雷雨》中渗透着作者的命运观,这里的“命运”实际上可以理解为宇宙意志的体现,它决定着悲剧人物的全部思想和行动,它是不可更改的、是永恒的。周朴园一直在维护着他体面的家庭,孰料竟发生了惊世骇俗的不堪事件;侍萍被周家抛弃以后本想远离周家,不料30年后竟鬼使神差地再次来到了周家,周家成了她一生都无法摆脱的梦魇。不同于宿命论,《雷雨》的命运观表现了一种积极抗争的激越之情,而非屈服于命运的诚惶诚恐和消极顺从,这又以蘩漪为代表,用曹禺的话形容她具有最“雷雨式”的性格。她作为反传统反世俗的叛逆精神的化身而出现,是一个情感欲望最强烈的体现者,是作者对人的生命意志的肯定。

第三部分 典型习题详解

一、选择题

1. 描写封建家庭的腐朽没落、表达埋葬旧社会走向新社会主题的戏剧作品是(　　)。

A.《雷雨》　B.《北京人》　C.“激流三部曲”　D.《这不是春天》

2. 曹禺描写曾家家族生活衰落,由旧生活迈向新生活的作品是(　　)。

A.《日出》　B.《雷雨》　C.《北京人》　D.《原野》

3. 曹禺以暴露“损不足以奉有余”的社会形态为创作思想的剧作是(　　)。

A.《日出》　B.《原野》　C.《北京人》　D.《家》

4.“鲁郭茅,巴老曹”是六位作家的合称,下列相关说法正确的(　　)

A. 六位作家中,使用笔名的作家有鲁迅(原名周树人)、茅盾(原名沈德河)、巴金(原名李尧棠),老舍(原名舒庆春)、曹禺(原名万家宝)

B. 六位作家在多个文学领域取得了辉煌的成就,如茅盾除小说和散文之外,戏剧作品《四世同堂》同样广受欢迎

C. 六位作家常在作品中寄托对国家、社会的关切之情,如《呐喊》《女神》《子夜》《家》《骆驼祥子》《原野》等作品

D. 在文学之外,鲁迅和郭沫若在学术领域亦有建树,如鲁迅的《甲骨文字研究》,郭沫若的《中国小说史略》等

【解析】茅盾原名沈德鸿,《四世同堂》为老舍所著长篇小说,《甲骨文字研

究》作者为郭沫若,《中国小说史略》作者为鲁迅。

【答案】1. A　2. C　3. A　4. C

二、填空题

1. ________由剧作家曹禺创作,它所展示的是一幕人生大悲剧,是命运对人残忍的作弄,它是“中国话剧现实主义的基石”。

2. 曹禺 1939 年创作的抗战剧________揭露了国民党官僚机构的腐败现实。

3. 曹禺最著名的两部话剧作品是________和________。

4.《雷雨》中周冲、周萍的关系是____________,鲁大海、周萍的关系是____________。

5. “金子”“仇虎”是曹禺的作品________中的人物。

【答案】1.《雷雨》　2.《蜕变》　3.《雷雨》《日出》　4. 同父异母兄弟　同父同母兄弟　5.《原野》

三、名词解释

《原野》

答:《原野》是曹禺于 1937 年创作的三幕剧,是曹禺唯一一部以农村生活为题材的作品。《原野》通过仇虎复仇的悲剧反映了受尽地主焦阎王压迫的农民的挣扎和反抗。仇虎受旧传统道德观念的影响,认为父债子还是天经地义的事。这种非理性的复仇观念,使他的复仇行为具有一定的盲目性。《原野》通过一个复仇的命运悲剧故事,深刻地展示作家对“人生困境”的困惑以及对神秘宇宙的哲学思考。作品在渲染仇虎的内心情感时多运用现代主义手法,带有浓厚的神秘色彩。

四、简答题

1. 分析曹禺作品《雷雨》的结构特色。

答:《雷雨》的独特结构使其成为具有中国特色的戏剧性强、爆发力大的优秀剧作。《雷雨》的结构特色有以下三点:

第一,情节曲折,故事性强,富有传奇色彩。故事的强烈传奇色彩,使剧本充满戏剧性,悬念迭起,扣人心弦。

第二,结构严密,集中紧张。作者采用西方戏剧特殊的锁闭式结构,从事件的危机开幕,不是渐次展开剧情,而是在后果的猝然爆发中交代复杂前因,将现在进行的事件和过去发生的事件巧妙地交织在一起,并以过去的戏推动现在的戏。《雷雨》以周朴园为中心,层次清晰地展现了错综复杂的三条主要矛盾冲突线索。其中,周朴园与蘩漪的矛盾冲突是全剧的主干,它牵出一系列的矛盾冲突,使全剧人物都卷入紧张的矛盾冲突之中,形成了牵一发而动全身的集中严密的结构。

第三,明暗双线,纵横交错,引人入胜。《雷雨》的矛盾冲突尖锐复杂,明线和暗线交错。周朴园和蘩漪,周萍与蘩漪、四凤之间的爱情纠葛是明线,周朴园和侍萍的关系是暗线。这两条线索彼此交织,互相影响,互相钳制,使剧情紧张曲折,引人入胜。

2. 简析《雷雨》中周萍的悲剧形象。

答:《雷雨》中的周萍虽说是一个悲剧形象,但其内涵却十分复杂而微妙。

(1)在亲情面前,周萍是一个受封建家庭纲常伦理紧紧禁锢的、人格在封建道德影响下畸形发展的悲剧形象。父亲冷酷阴鸷,但他对父亲却是敬畏和崇拜并存。最后他又不得不背叛父亲,在遵守和破坏的尖锐矛盾中,他痛苦地游走在精神的两个极端。

(2)在爱情面前,周萍是一个踌躇不定、过分纠结的悲剧形象。他经历了从寻求情感满足到抛弃的反反复复,在追求爱情的路途上坎坷不断,纠结不断。

(3)在社会价值面前,周萍是一个自我矛盾的悲剧形象。一方面,他想做传统道德的践行者;另一方面,他又不可控制地破坏心中的道德伦理观。他想承担起家族企业,但又承担不起家族的事业和使命。理想与现实一次次的冲突使他一次次地经受着内心的煎熬和痛苦的抉择。周萍对传统道德的反抗与屈从,显示出他犹豫不决和软弱的性格,这也注定了他在封建道德、社会舆论的撞击下必然粉身碎骨的悲剧命运。

第七章　沈从文

第一部分　考点归纳

一、作者简介

沈从文，原名沈岳焕，其出生地湘西凤凰是一个苗汉杂居的偏远之地，有着极其独特的地域文化与历史。20 世纪 20 年代初他从湘西来到北京，在窘困的生活中自学并开始写作。20 世纪 30 年代，沈从文的创作风格渐趋成熟。他以大量散文、小说作品，营造出独属于自己的“湘西世界”，并成为京派的代表作家之一。

二、主要作品

沈从文作品结集的有 80 多部，代表作包括短篇小说集《从文小说习作选》《新与旧》《月下小景》《阿黑小史》等，中长篇小说《边城》《长河》，散文《从文自传》《湘行散记》《湘西》，文论《烛虚》《废邮存底》等。

三、文学影响

沈从文的文学语言明净清澈，其小说创作不重情节，强调氛围和意境的营造，在独特的地方人情风俗的书写中，带有鲜明的文化意蕴和诗化色彩。他以抒情笔调写乡村题材，对后来乡土文学的发展影响颇为深远。

第二部分　课后习题详解

1. 沈从文说,“一个伟大的作品,总要表现人性最真切的欲望。神圣伟大的悲哀,不一定有一摊血、一把眼泪,一个聪明的作家写人类痛苦或许是用微笑表现的”。你能结合自己的阅读感受,说说《丈夫》这篇小说题材与构思的感人之处吗?

答:《丈夫》故事发生在湘西某城河边的妓船上,一个丈夫去船上探望做生意的妻子,在船上待了一天两夜,小说便写他在此期间复杂的心理历程。从开始的平静到后来的崩溃大哭,再到小说结尾处夫妻两人共同回乡下的选择,丈夫的尊严和人性的尊严终于抬头。

小说标题直接将悲剧的主体定位为“丈夫”,沈从文完全贴着丈夫写,写其进城找到妻子后两天里的所见所闻以及一系列复杂的心理活动。丈夫的亲历亲见是对妻子“做生意”过程的细致勘察与揭秘,“尊严”问题对人的灵魂的煎熬由此凸显。作者写丈夫这样一个不善言辞的普通乡下人,叙事语言保持客观平静的语态,人物语言则尽量贴合人物身份,如写丈夫和水保对话时,谈到那把精巧的小镰刀和家里的生活琐事时的口吻,真实呈现了一个素朴乡下人的面貌。小说的感人之处,就在于字里行间对乡土生存环境极度困窘的敏锐感知以及对乡土世界的人们的现实命运的深切关怀,其中蕴含着作家深深的悲悯。由于城乡间隔,丈夫最初对妻子“做生意”的态度是麻木的,而当他来到城里,置身于尊严被践踏的无情现场,终于感受到切身的痛苦。但丈夫直到最后与妻子一同离开也执拗地不肯说一句话,这难堪的沉默负载的是乡土生命无声的屈辱,足以引发读者的深深同情。

2. 结合《丈夫》和以前学过的《边城》,说说你对沈从文小说语言和文体风格的印象。建议从描写湘西风情的地方志式的文字、似乎有点笨拙而独特的文字句式、舒缓从容的叙述节奏等方面加以分析。

答:在语言方面,沈从文曾自言:“我文字风格,假若还有值得注意处,那只因为我记得水上人言语太多了。”这里的“水上人言语”,折射着湘西的地域风情。湘西是一个恬淡幽远、神秘宁静的地方,沈从文通过对湘西的乡音土语和带地域色彩的风物人情的描写将他对湘西的深情自然展现出来。《边城》在叙述翠翠和傩送、天保之间爱情故事的同时，不吝描写清澈见底的河流、凭水依山的小城、河街上的吊脚楼……这些景物都自然清丽，富于浓郁的湘西气息。《丈夫》的开篇，从“落了春雨”到“也总有一部分归他”，有两千多字都是对环境和背景的交代。沈从文的小说中常见这种大段的对于地方风景、风俗的描写，并不显得多余。因为对于他来说，写环境即写人。

在句式方面，沈从文偏爱超量描写，其手法是复沓式的，通过繁复的修辞手段，调动不同的描写视角。这种方法犹如工笔画，先确定描写的事物，然后分层地从各侧面、各细部一一描绘，以期整体、全面地展现对象。例如《边城》第二章描写白河的两段多达五百余字，详细交代白河上流清澈见底的深潭和河底多色的石子、春夏秋冬河岸人家的不同人情风貌，以及白河的地理位置和航运作用，等等。《丈夫》开篇写“水涨大了——涨了水”“在楼下——在楼上”“走到船上——上了船”，这些词语表示环境行为变化，衔接紧凑，给人一种略有曲折却十分流畅的动感。

在叙事节奏方面，沈从文的作品节奏舒缓从容，时有散文的风致。《边城》开篇并未对茶峒的山水风景之美做过多描述，仅仅是顺着视线望去，一溪、一塔、一人家，人与景尽在寥寥几语之中，传递一种天然的和谐感。《丈夫》中，老七的丈夫决定回乡下去，沈从文没有用许多文字描写男人对妻子遭到蹂躏的痛苦，只是极其有限地点一下，“沉沉默默的一句话不说”“两只大而粗的手掌捂着脸孔，像小孩子那样莫名其妙的哭了起来”。沈从文把重要内容隐藏在文字之后，犹如中国画的留白，有助于拓宽读者思考的空间，增加回味。他的文字细嚼起来，就像他笔下的溪河，清浅平缓，舒缓从容。

第三部分　典型习题详解

一、选择题

1.“京派作家第一人”是(　　)。

A. 张恨水　　B. 沈从文　　C. 茅盾　　D. 老舍

2. 沈从文小说创造了多种文体形态，下列不属于沈从文小说文体形态的是(　　)。

A. 写实故事　　B. 浪漫传奇　　C. 自我抒情小说　　D. 讽刺小说

3. 下列对沈从文《边城》的解释，不正确的是(　　)

A. 沈从文的创作追求表现的是那种纯真的带有某种原始意味的人性美，他在山清水秀的湘西边地构筑他的人生形态

B. 天保决定离开故乡，主要是因为和弟弟之间的情爱争斗，他想忘记以往的一切，以成全弟弟的爱情

C. 祖父没有把他到城里的事情告诉翠翠，是因为他不想让这些事使翠翠徒增烦恼

D. 祖父决意多做点事，等他把人渡完再回家吃晚饭。这反映了祖父想多挣点钱来维持生计的客观现实

【解析】在《边城》中，祖父的行为主要体现了他对工作的责任心和对生活的平和态度，而非出于单纯的经济动机。

4. 关于沈从文的《边城》，下列理解不正确的是(　　)

A. “这个人也许永远不回来了，也许‘明天’回来!”开放性的结尾，留给读者想象的空间，也在一定程度上消解了作品的悲剧性

B. “城内石板铺成的街道纵横交错，古朴典雅，两旁多是木板房，房檐伸出来，只见一线天。内中店铺，尽现民族特色。”寥寥几笔，表现了凤凰古城的传统建筑特色

C. “月光极其柔和，溪面浮着一层薄薄白雾，这时节对溪若有人唱歌，隔溪应和，实在太美丽了。”写出了翠翠得知梦中歌声来自天保后的失落

D. “翠翠在风日里长养着，故把皮肤变得黑黑的，触目为青山绿水，故眸子清如水晶。”表现了翠翠身上的天然和质朴的美

【解析】C 选项描写的是湘西边地夜晚的自然美景和人文情调，并没有直接涉及翠翠得知梦中歌声来自天保后的失落感。

【答案】1. B　2. C　3. D　4. C

二、名词解释

京派文学

答:京派文学的作家多善于书写乡土文学题材，创作内容并不局限于北京，也包括对乡土生活的描写。代表性作家及作品有沈从文及其《边城》《湘西》、冯文炳及其《竹林的故事》《桃园》、凌淑华及其《花之寺》《女人》、萧乾及其《篱下

集》《栗子》等。京派作家大多为高等学校的师生，具有隐逸气息，较少追求功利性，多倾向于思想独立。在写作方法上，多以融古入今的方法，秉承艺术为人生的思想理念，从文化反思的高度重塑中国大众的民族性格，将原始古朴的东方情调融入对传统乡土生活的诗意描绘中，风格闲适而温婉，个别作品又不乏对宗法文化劣根性的批判，注重道德与文化意义上的健康与完善，颇富纯文学色彩。

三、简答题

1.简述《边城》的主题。

答:《边城》是沈从文最有影响力的作品。小说通过湘西茶峒纯情少女翠翠的爱情故事，写出了一曲充满爱和美的人生颂歌:青年男女的情爱、祖孙父子的亲爱、人们相互的友爱、湘西边地风俗风景的迷人可爱。这些爱体现了作者对理想美的执着追求。沈从文以这种具有原始野性的纯真朴实的人情美、人性美，表达了对都市尔虞我诈的人生形态的否定与反抗，表达了对重义轻财、重情轻利的人性的向往与追求。尽管这种理想化的人性与现实社会有着相当的距离，但对其的追寻无疑是对黑暗现实的间接抗争，是具有积极意义的。

2.结合《边城》谈谈沈从文的文化选择及审美特色。

答:沈从文湘西小说的主题倾向，集中于对湘西人民心灵美、道德美、人性美的描写与讴歌。《边城》是湘西小说的代表作。沈从文的湘西小说以精湛的艺术造诣，营造了独树一帜的诗化小说的审美风格。

(1)以情感为主导的抒情体式。在他笔下，艺术描写的重点不是叙事写实而是抒情释怀。

(2)对故事和情节结构的淡化倾向。作者的本意不在描写爱情的曲折过程和人事纠葛，而是力图围绕这个三角恋爱故事，讴歌边城人民朴素正直、善良忠诚的人情美、人性爱，展现一种“优美、健康，自然而又不悖于人性的人生形式”，借以寄托用美和爱铸造民族性格的审美理想。

(3)人物形象的类型化，每个人的形象都有鲜明特色。如《边城》中对翠翠的刻画，细致传神地展现出其心绪情思和内心的隐秘懵懂。

(4)注重意境的营造和氛围的渲染。《边城》中的自然景物描写便是典型例证。这种寓含式的情感抒发,造就了沈从文湘西小说舒缓的情绪流动感和深沉的情绪渗透力。

(5)富有自然美的主体意象和淡泊简朴、从容舒放的语言风格也是沈从文湘西小说诗化特征的重要表现。

第八章　艾　青

第一部分　考点归纳

一、作者简介

艾青，原名蒋海澄，留学法国期间，接触了大量欧洲古典和现代小说、诗歌，尤其受凡尔哈仑、波德莱尔等现代主义诗人的影响，开始走上文学的道路。1932 年 4 月回国以后，参加中国左翼美术家同盟，并组织春地画社，因参加革命活动被捕入狱。艾青在狱中写作的《大堰河——我的保姆》一诗，以“艾青”这一笔名发表，轰动文坛。

二、主要作品

出狱后，艾青写了《北方》《复活的土地》《雪落在中国的土地上》等诗，倾吐国破家亡的深深忧愤。1941 年，到达延安以后，艾青诗歌的风格转变，主要歌颂光明和鼓动斗争。1979 年重返诗坛以后，代表作有《归来的歌》《光的赞歌》等。

三、文学影响

艾青的自由体诗歌具有风格质朴、意境深邃的突出特征，在肩负诗的艺术生命的同时也承担着历史使命，以雄浑厚重的笔触、如火如炽的诗句，倾诉着对祖国、对人民、对革命的挚爱。艾青的诗歌对后来的“七月派”诗人以及穆旦都产生了影响。

第二部分　课后习题详解

1. 诵读《北方》这首诗,体会贯穿全诗的那种悲凉而又雄浑的氛围,以及深入骨髓的爱国情怀。分析这首诗中“土地”的意象。

答:“土地”是诗人诗歌中的核心意象之一。在这首诗中,“土地”的意象凝聚了诗人对大地母亲、对祖国、对人民最深沉的爱。

在抗日的炮火中,诗人四处漂泊,凝视着生活在这片土地上的广大民众“载负了土地的痛苦的重压”,对这古老的国土所养育的“世界上最艰苦与最古老的种族”感到深深的同情和忧虑。诗人在诗中怀着说不尽的忧郁,不断发出令人震颤的呼喊:“悲哀的国土”“广大而瘦瘠的土地”等,无不浸透了诗人对国土沦丧的悲痛心情。

由此可见,“土地”意象已融入了诗人的生命和灵魂,它是生命之母的象征、祖国母亲的象征、民族精神的象征、中华文明的象征,也是祖国命运的象征、华夏历史的象征、民族凝聚力的象征、人民意志和力量的象征。

总之,“土地”意象凝聚了诗人异常复杂的情感信息和思想信息,是诗人笔下永恒的情结,是诗人永远依恋、倾诉、忠诚和歌颂的对象。

2. 反复诵读,注意体会这首诗是如何运用句式、韵律和节奏的变化来表达情感的,再简要说说所谓“自由体”诗的特点。

答:自由体诗歌是一种可以自由抒写,不讲究格律、音节、句数,段落没有固定规格的诗歌。借助自由体诗歌,作者可以抒发自己强烈的感情,随思想跌宕起伏、纵横驰骋。《北方》是自由体诗歌的代表。这首诗基本不押韵,也没有特别地注意字数和行数。不倚重押韵、对仗、平仄,主要讲求内在的节奏韵律,依照诗人内心激情的起伏,在自由的长短不一的接近口语的散文化形式中,表现出诗情。

在句式方面,这首诗最长的第五节有三十八行,而较短的第一节、第四节则只有九行。诗歌中既有一二十字的长句,又有两个字的短句。但是艾青擅长在变化中取得统一,在参差错落中取得和谐。可见,散文化也不等于不要音乐性,而是更讲求内在的节奏。

《北方》的诗体看似自由,但是其中采用了有规律的排比、复沓。如“北方是悲哀的”“我爱这悲哀的国土”等句子在诗中反复出现,既突出诗歌的主题,又通过循环、反复，增加了诗歌悠长、苍莽的意蕴。

总之，自由体诗歌在体式、音节、语言方面力求解放，显示出了新的特色：它追求文体形式上的自由和精神的自由；在诗歌的体式上不拘一格，打破传统诗歌的句式、音韵、格律的诸多限制，不讲究声音的押韵和谐；在创作上尊重诗人的内心情绪，使诗人可以纵情宣泄狂烈激越的情感。

第三部分　典型习题详解

一、选择题

1. 新时期复出诗人的代表是（　　）。

A. 孙犁、闻捷　　B. 艾青、公刘　　C. 郭小川、北岛　　D. 舒婷、顾城

2. 作家艾青以哪种文学体裁的创作而闻名？（　　）

A. 诗歌　　B. 散文　　C. 小说　　D. 戏剧

3.（　　）的主要作品有《复活的土地》《归来的歌》等。

A. 巴金　　B. 艾青　　C. 茅盾　　D. 沈从文

4. 爱国主义是艾青作品中永远唱不尽的主题。“土地”的意象凝聚着诗人对祖国大地母亲最深沉的爱，把这种感情表现得最为动人的，是他的（　　）。

A.《大堰河——我的保姆》　　B.《我爱这土地》

C.《雪落在中国的土地上》　　D.《发现》

5. 艾青诗歌的中心意象是（　　）。

A. 土地与太阳　　B. 土地与天空　　C. 太阳与天空　　D. 太阳与高山

6. 下列有关《大堰河——我的保姆》中相关语句所用修辞手法的判断，不正确的是（　　）

A. 大堰河，我是吃了你的奶而长大了的你的儿子，我敬你爱你！——呼告

B. 大堰河，含泪的去了！……同着四块钱的棺材和几束稻草，同着几尺长方的埋棺材的土地，同着一手把的纸钱的灰，大堰河，她含泪的去了——对偶

C. 你用你厚大的手掌把我抱在怀里，抚摸我；在你搭好了灶火之后，在你拍去了围裙上的炭灰之后；在你尝到饭已煮熟了之后……——排比

D. 大堰河，是我的保姆。她的名字就是生她的村庄的名字，她是童养媳，大堰河，是我的保姆。——反复

【解析】对偶是指结构相似、字数相等、意义对称的两个句子或短语。

【答案】1. B 2. A 3. B 4. B 5. A 6. B

二、填空题

1.“中国诗坛上的泰斗”指________。

2.“为什么我的眼里常含泪水？因为我对这土地爱得深沉……”出自____________。

3. 1938 年 4 月，艾青以武汉为背景，完成了他的第一首抒情长诗________。

【答案】1. 艾青 2.《我爱这土地》 3.《向太阳》

三、简答题

1. 赏析《我爱这土地》。

我爱这土地

艾 青

假如我是一只鸟，
我也应该用嘶哑的喉咙歌唱：
这被暴风雨所打击着的土地，
这永远汹涌着我们的悲愤的河流，
这无止息地吹刮着的激怒的风，
和那来自林间的无比温柔的黎明……
然后我死了，
连羽毛也腐烂在土地里面。

为什么我的眼里常含泪水？
因为我对这土地爱得深沉。

1938 年 11 月 17 日

答：在《我爱这土地》中，作者集中展现了对土地的一片赤诚之爱。艾青诗歌的中心意象是土地和太阳，而主题则是爱国主义。这首诗传达出了时代的特征和民族的苦难，真切表达了作者对祖国、对人民深深的爱恋，而这些强烈的情感都寄托在了对“土地”的热爱之中，体现的是一个中国诗人在民族灾难面前始终不渝的赤子之心。

诗人的这种感情在近代中国人民中具有普遍性和典型性，要理解这首诗，就要深刻理解“鸟”这个意象的深层蕴涵。在这首诗里，诗人以“鸟”自比，“用嘶哑的喉咙歌唱”，表达了诗人郁积在心底的沉痛的心情，因为有着深重的痛苦，喉咙才会嘶哑。“连羽毛也腐烂在土地里面”，诗人还将自己整个融进祖国的土地中，来抒发对祖国、民族、土地的真挚深沉的爱。它像“誓词”一样严肃，又像“血”一样庄严，情感十分强烈，震撼人心。

2.艾青的诗美风格主要表现在哪些方面？

答：艾青是中国现代文学史上重要的诗人，他的诗歌聚合了感知、寓理、抒情、象征等多元诗美个性，成功地构建起一种真正代表现代诗美审美发展趋向的整合诗美风格。主要表现为：

（1）诗作内在情思的忧郁美是崇高而悲壮的。他对祖国、民族、土地和人民的感情深沉，在面对多灾多难的祖国大地时，这种感悟形成了内在的忧郁基调，从早期的《大堰河——我的保姆》到后期的《献给乡村的诗》，艾青的诗深刻地反映了旧中国农村在帝国主义和封建势力的压迫下，凋残破败、濒于破产的凄惨景象，以及勤劳善良的中国农民家破人亡、谋生无路的悲惨命运，表现出对农民生活的深切同情与关怀。

（2）诗歌意象的繁复美。艾青曾受印象派绘画的影响，特别重视感觉的表现，常常善于捕捉刹那间的新奇印象，比喻新鲜，有色调，有光彩，以色彩与光线表现主观感受的方法也运用自如，如《吹号者》《给太阳》等诗作，常常用通红、金黄、湛蓝来表达美好光明的感觉，用灰、黄、紫来渲染苦难和忧郁。

（3）革命现实主义融进了象征主义、浪漫主义艺术技巧。艾青的诗一方面坚持了革命现实主义“忠于现实的、战斗的”传统，另一方面又克服了其“幼稚的叫喊”的弱点，吸收了象征主义、浪漫主义等诗歌的艺术技巧，从而使自由体诗歌在艺术上达到了一个新的高度，推动了中国新诗的健康发展。他对象征与暗示、通感、意象等方法运用相当娴熟，比如将《吹号者》《冬天的池沼》《火把》等整首诗作为一个象征整体来把握。

（4）自由诗体的散文美，表现为口语的美和形式的自由开放。艾青诗歌语言朴素生动而意味深远，如《煤的对话》。他追求诗歌形式的自由性，写诗注重诗的内在旋律、节奏以及变化多样的形式，不受外形的束缚，任由内在情感抒发，诗人情感的起伏自然形成韵律和节奏，使人感到自然流畅，如《手推车》。

第九章　张爱玲

第一部分　考点归纳

一、作者简介

张爱玲,原名张煐,生于上海,中国现代女作家。她 7 岁开始写小说,12 岁开始在校刊和杂志上发表作品。1942 年,张爱玲返回上海,开始为报刊撰稿,走上了专业的文学创作之路。

二、主要作品

1943 年,张爱玲在上海文坛异军突起,这一年她发表了《沉香屑·第一炉香》《沉香屑·第二炉香》《茉莉香片》《心经》《倾城之恋》《琉璃瓦》《金锁记》《封锁》等多篇小说。她创作的电影剧本有《太太万岁》《不了情》《情场如战场》《桃花运》《人财两得》《南北一家亲》《一曲难忘》《南北喜相逢》等。

三、文学影响

张爱玲的小说多写都市世俗生活,特别是人性深处的脆弱与黯淡,常用冷静而又富于联想的叙述,深剖人物心理,渲染苍凉的意境,形成既通俗又先锋的独一无二的张爱玲文体。

第二部分　课后习题详解

1. 张爱玲是一个感觉敏锐、心思细腻的人，是人们眼中的天才。她在音乐、绘画、文学创作等方面都有天赋，能够领略生活的艺术，认识到生命的美丽，故而她把生命比作“华美的袍子”。请同学们结合《我的天才梦》，回顾自己的生命历程，写一篇关于自己的梦想的散文。

【答题思路】《我的天才梦》是张爱玲18岁时创作的散文，也被她视作自己文学生涯的“处女作”。张爱玲在艺术领域是一个天才，在现实生活中她是一个低能者。梦想里充满诗意，现实里处处是烦恼，可见梦想与现实是有冲突的。在青少年时期，我们都有过绚丽多彩的梦想，并为实现它日夜兼程，考生可以结合自己的经历，从某一方面入手。

2. 月亮是《金锁记》的中心意象，这部中篇小说以月亮始（“三十年前的上海，一个有月亮的晚上……”），以月亮终（“三十年前的月亮早已沉了下去，三十年前的人也死了，然而三十年前的故事还没完——完不了。”）。月亮意象前后呼应，锁定《金锁记》的整体基调，使小说的意蕴更加丰厚隽永。请通读整部小说，找出小说中所有关于月亮意象的文字并进行解读。

答：第一，小说开头对月亮的描绘：“三十年前的上海，一个有月亮的晚上……我们也许没赶上看见三十年前的月亮。年青的人想着三十年前的月亮该是铜钱大的一个红黄的湿晕……”不管是对三十年前的月亮充满想象的年青人，还是对已经历过三十年前月亮的老人，基调都是凄凉和伤感的。

第二，长安十四岁时，在曹七巧的羞辱下被迫退学，文中描写：“窗格子里，月亮从云里出来了。墨灰的天，几点疏星，模糊的缺月，像石印的图画，下面白云蒸腾，树顶上透出街灯淡淡的圆光。”缺月是一片灰蒙之色、一片朦胧之色。作者借助月亮，以景写情，眼前模糊的、灰暗的景物，暗示了长安的前程。

第三，“起坐间的帘子撤下送去洗濯了。隔着窗玻璃望出去，影影绰绰乌云里有个月亮，一搭黑，一搭白，像个戏剧化的狰狞的脸谱。一点，一点，月亮缓缓的从云里出来了，黑云底下透出一线炯炯的光，是面具底下的眼睛。天是无底洞的深青色。”曹七巧折磨她的儿媳妇，在这里，月亮就像一个全知全能的观望者。作者以狰狞的脸谱似的月亮，写出了曹七巧扭曲的心理。

第四,小说中描写道:“今天晚上的月亮比哪一天都好,高高的一轮满月,万里无云。”但芝寿觉得此时的月亮就像是“漆黑的天上一个白太阳”,写出了被折磨得神经质的芝寿那害怕和恐惧的心理。

第五,“三十年前的月亮早已沉了下去,三十年前的人也死了,然而三十年前的故事还没完——完不了”。这里暗含了具有循环周期意义的“三十年”,还会上演不同的女人相同的命运悲剧,而这种宿命式循环永远不会完。

第三部分　典型习题详解

一、选择题

1. 小说《半生缘》的作者是(　　)。

A. 三毛　　B. 张爱玲　　C. 琼瑶　　D. 李碧华

2. 沈世钧和顾曼桢是(　　)作品中的人物。

A. 张爱玲　　B. 沈从文　　C. 张恨水　　D. 琼瑶

3. 下列关于张爱玲《倾城之恋》的表述,不正确的是(　　)

A. 小说通过白流苏与范柳原的爱情故事,展现了个人命运在时代变迁中的无奈

B. 小说中的“倾城”象征了爱情的伟大与纯洁,流苏和柳原的爱情没有受到现实的影响

C. 张爱玲的作品常通过细腻的笔触展现人物的内心挣扎和社会环境的压迫

D. 白流苏的形象是一个传统女性与现代女性特质交融的代表

【解析】小说中的“倾城”不仅指爱情,也象征了时代的动荡和城市的衰败,白流苏和范柳原的爱情受到现实环境的诸多影响。

4. 曹七巧是作品(　　)中的主人公。

A.《金锁记》　　B.《倾城之恋》　　C.《半生缘》　　D.《怨女》

5. 佟振保是(　　)中的主人公。

A.《红玫瑰与白玫瑰》　　B.《金锁记》

C.《倾城之恋》　　D.《色戒》

【答案】1. B　2. A　3. B　4. A　5. A

二、填空题

1.20 世纪 40 年代两位著名女作家，人称“南玲北梅”指________、________。

2.白流苏是张爱玲小说________中的人物形象。

【答案】1.张爱玲　梅娘　2.《倾城之恋》

三、名词解释

1.“南玲北梅”

答：“南玲北梅”是指沦陷时期上海的张爱玲与北平的梅娘（孙嘉瑞）两位女作家。1942 年北平的马德增书店和上海的宇宙风书店联合发起“读者最喜爱的女作家”评选活动，梅娘与张爱玲双双夺魁，从此有“南玲北梅”之誉。两人的小说有相似性，均是在婚姻恋爱的题材中凸显追求独立、自由的女性形象，描述她们的生活遭遇。然而，相较张爱玲融古典小说、现代小说于一炉的古今杂错、华洋兼备、雅俗共存的文学气质而言，梅娘的叙述更加现实。

2.《传奇》

答：《传奇》是张爱玲创作的小说集，收入了张爱玲在 1943～1944 年发表的中、短篇小说。作者通过描述沪、港两大都市里中上层阶级的婚姻和家庭日常生活，讲述了一个个普通而动人的传奇故事，向世人展示了旧中国社会的一幅幅或色彩斑斓、或暗淡凄凉的图画。浓重的伤感情调、沉滞的悲凉色彩，构成了这部作品普遍沉郁的审美风格。张爱玲的小说既有传统小说叙事套路的痕迹，又带有“现代派”味道，注重写人物意识的流动、注重暗示与象征、善用联想，特别是对人物病态心理的描写与揭示极为深刻。张爱玲的小说具有雅俗融合的特征，从写生活看，她对于人生之世俗层面的男女、衣食住行投入极大的关注，同时对人物的深层意识、人性予以剖析；从叙事看，张爱玲的小说结构完整，它们不仅是传奇，而且是以人、以人性的探索为中心的，情欲的变化，情欲与环境的关系，人物意识的流动，叙事中声、色、动作的描写与人物心理展示的结合，呈现出现代小说的特征。

四、简答题

简述张爱玲小说的特点。

答:张爱玲小说的魅力来自传奇的故事以及弥漫其中的梦魇般的氛围。她的小说似梦呓,让读者走入一个传奇而虚幻的小说世界。“说不尽的苍凉故事”是张爱玲作品的独特题材。

(1)在主题思想上,张爱玲的作品弥漫着浓厚的悲剧色彩。

张爱玲以一种近乎冷酷的悲剧感叙述一个个悲凉的传奇,内省、孤傲以及都市人的优越感与孤独感交织起来形成她对时代“荒凉”特色的心理感受。张爱玲在塑造小说人物形象时无意识地迎合了亚里士多德关于悲剧主人公的美学理论。由于她悲凉的家庭经历和特定的生活环境,她的作品弥漫着浓厚的悲剧色彩。

(2)在选材上,张爱玲的作品以言情为主。

男女之情是贯穿张爱玲全部创作的一条线索。她认为:男女之情乃人之大欲,作为生命过程的重大现象,负载着深刻的人性内容,揭示着人生的真谛。她的小说着力表现男女之间的感应、摩擦、摸索、闪避等;另外,她所着力表现的不是恋爱者超凡脱俗的一面,而恰恰是他们凡俗的一面。在她看来,唯有入世的,才是更真实的。她试图于男女之间的传奇故事中寻找普通的人性,于男女之情中倾听“通常的人生的回音”。因此,她的言情并不局限于单纯的男女之情,而是将之升华到“世态人情”和“风俗人情”。

(3)在叙述方式上,张爱玲的作品别具匠心。

张爱玲的文章结构安排吸收了中国传统小说的精华,文章的开头和结尾十分吸引人,总体结构独特,这与她娴熟的写作技巧有关。张爱玲叙述故事喜欢使用倒叙的手法。

(4)在人物塑造上,张爱玲的作品受多种因素影响。

张爱玲对人物塑造及人物间种种微妙复杂的关系把握得极为准确和深入。人性的真相,被她放在社会风俗的框子里来描写。因为人表达情感的方式总会受到社会习俗的影响。张爱玲受弗洛伊德和西洋小说的影响,这可以从她心理描写的细腻和运用暗喻以充实故事的内涵两点上看出来。可是给她影响最大的,还是中国旧小说。她文章里就有不少旧小说的痕迹,例如她喜欢用“道”字代替“说”字等。

第十章　穆　旦

第一部分　考点归纳

一、作者简介

穆旦，原名查良铮，曾用笔名梁真，是现代中国最杰出的诗人与翻译家之一，也是20世纪40年代现代派诗歌流派“九叶派”的领衔诗人。

二、主要作品

主要诗作有《防空洞里的抒情诗》《在寒冷的腊月的夜里》《赞美》《诗八首》《春》《自然底梦》等，主要译作有《普希金抒情诗集》《拜伦抒情诗集》《文学原理》《唐璜》等。

三、文学影响

穆旦的诗歌具有强烈的现代意识和爱国情怀，富于深厚凝重的情感和思辨，对诗歌如何表达现代人的生存处境也做了出色的探索。在现代文学史上，穆旦属于那种艺术个性独特、思想超越、手法前卫，而又能扎根于现实的诗人，在当代诗坛也相当具有影响力。

第二部分　课后习题详解

1. 以《诗八首》为例，评析穆旦诗歌“思维的复杂化，情感的线团化”，以及有意以“非诗意”表达复杂思维的现代主义特点。

答：“思维的复杂化，情感的线团化”出自“九叶派”诗人郑敏的评价，指向的是穆旦创作的现代主义诗歌相较于古典主义、浪漫主义,有更多的敏感和自觉,更有意识地寻求复杂多层的结构。复杂的情感和思维的变化使穆旦总是围绕一个或者数个矛盾展开诗的写作,在对人生的深刻洞察中展现一种独特的诗艺。

《诗八首》中爱情的多变、复杂、纠缠,是通过组诗的特殊结构表达出来的。全组诗贯穿着三股力量的矛盾,即"你""我"和代表命运及客观世界的"上帝"。"上帝"在这里是冷酷无情的,它捉弄着这对恋人,而"你"和"我"之间也是既相吸引又相排斥的,他们之间有着不可逾越的距离(相隔如重山),又有着强烈的吸引力。《诗八首》在悖论、反差与矛盾的方向中着笔,通过不同力量间的较量,建构具有艺术张力的诗行,在极端性的表述中形成诗的想象力。

穆旦是自觉叛逆传统的诗人,他反对使用中国古典诗词中风花雪月的形象传达诗意,主张以特殊的现代生活经验作为诗歌的表现对象,营造一种非诗意化的独特境界。《诗八首》以爱情为本,但又与以往写爱情的诗歌很不一样,这里不再满足于歌颂爱情,不是写爱情的美好,抒发爱的渴望、绝望等感情,而是跳出来思考爱情的"本质",用的是抽象、思辨、玄学、肉感、自嘲等。诗人留给读者的主要不是感动,而是重新凝视,是哲学层面的体验与感觉,要求读者阅读时能进入繁复的、戏剧性的意识活动。作品读起来有些乱,也是有意为之,即所谓"思维复杂化,情感线团化",因为其主题意蕴是多层的,诗人觉得非如此不能表达复杂的认识与体验。《诗八首》写爱情,但又远不止于爱情,感性的激情与理智的辩证思考交织,这些都是非常现代化的情感、思考、经验。

2.《诗八首》可以做多义的解释。试选择其中一首,对其所表达的含义做出两种以上的解释。

答:解读一:诗中"你"的载体是"眼睛","我"的代表是"哭泣"。"你看不见我,虽然我为你点燃""我们相隔如重山"都指向"我"和"你"的距离。"上帝"是客观的外力,隔离了我们的心,让爱情失去真义。因此,"火灾"是我们"成熟的年代"的燃烧,"你"和"我"并非共浴于爱火。"上帝"使万物在自然的程序中不停蜕变,在线性的时间中,"我"只能"爱了一个暂时的你",这份爱注定无法永恒。这是"上帝"在玩弄有情人,让"我"多次遭受生死的轮回,仍然得不到这份爱情。"那只是上帝玩弄他自己"——这是一个惊人的转折,"我"成为"上帝"的化身,“上帝”让“我”痛苦,等同于玩弄他自己,将爱情的内部及其流变的微小细节,以一种思辨的诗意视角和知性姿态展现出来。这时,旁观者(“第三存在”)是具有某种“形而上”的理性的旁观者,同时拥有爱情主体所具有的全部情感经验,因而这旁观者具有近似于“上帝”的全知性。

解读二:这首诗上段写“你”对“我”的爱是盲目的,下段写“我”对“你”的爱是清醒的,我明知你是一个“合并的你”,你是复杂的,我还不可能真正认识你,还是不由自主地爱上了你。“你看不见我”,因而“我们相隔如重山”,隐喻“你”不能或不愿接受这如火般炽热的爱情,于是“我”只能被自己点燃的这场火焚毁,“变灰”或又“新生”。但就爱情而言,这无疑是“我”玩火自焚的灾难。“我却爱了一个暂时的你”,与“暂时”相对的是永远无法把握、无法理解的“上帝”。爱情不由我们作主,上帝操纵着一切。诗人在这里表达了对造物者无可奈何的情绪。

解读三:第一首写爱情发生并趋于成熟的时候,一方的热烈与另一方的冷静之间形成的矛盾张力。诗中诗人紧扣“火灾”二字蔓延开去,把爱情比作一场“火灾”,而“火灾”燃烧着的只不过是“成熟的年代”,可以说是因为双方成熟了,这场灾难也就发生了,这场灾难与心灵相通、感情的默契没有关系。“你”在理性控制之下的冷静导致我们两个人之间“相隔如重山”。虽然“我为你点燃”了我的爱,可它在尚未达到同样境地的“你”的眼里,却是可怕的——“你”把它看作“火灾”,却看不见“我”对“你”的爱的真诚“燃烧”。爱是人类成长中自然走向成熟的环节,却不能按自然“程序”实现,因此,“从这自然底蜕变底程序里,我却爱了一个暂时的你”,指的是“我”没有得到你的真正理解和对爱的失望感。“上帝玩弄他自己”,造物者既创造了人类成熟的爱情,又创造了人类的理性,这是它亲手制造的矛盾,是“上帝”的自我嘲弄,也是一种自我的嘲讽。

第三部分 典型习题详解

一、选择题

1.(　　)是 20 世纪 40 年代现代派诗歌流派“九叶派”的领衔诗人。

A. 穆旦　　B. 艾青　　C. 施蛰存　　D. 戴望舒

2. 诗集《旗》的作者是(　　)。

A. 穆旦　　B. 艾青　　C. 施蛰存　　D. 戴望舒

【答案】1. A　2. A

二、名词解释

1. 穆旦

答:穆旦是“九叶派”的杰出代表。在穆旦的笔下,首次出现了中国诗歌史上“残缺”的世界里“残缺”的“自我”,诗人排拒了中国传统的中和和平衡,将方向各异的各种力量,相互纠结、撞击。在诗歌的语言上,穆旦拒绝文言,坚持“五四”现代白话的传统,利用多义的词语、繁复的句式,表达现代人的“较深的思想”与诗情。因此,穆旦不仅在诗的思维、诗的艺术方面坚持现代化,而且在诗的语言方面践行现代化,跨出了在现代新诗史上具有决定意义的一步,成为“中国诗歌现代化”历程中的一个标志性的诗人,为新诗的发展作出了贡献。

2. 九叶派

答:“九叶派”是 20 世纪 40 年代后期形成的一个现代主义诗歌流派,又称“中国新诗派”。1981 年结集出版诗集《九叶集》,“九叶派”由此得名。其主要刊物有《诗创造》和《中国新诗》,主要成员有穆旦、辛笛、陈敬容、杜运燮、杭约赫、郑敏、唐祈、唐湜、袁可嘉等九人。诗作在艺术上力求理性与感性的融合,注意运用象征与联想,让幻想与现实相互渗透,并吸收西方后期象征派和现代派的某些表现手段,丰富了新诗的表现力,在 20 世纪 40 年代的诗坛独树一帜。“九叶派”诗人强调反映现实与挖掘内心的统一,诗作视野开阔,具有强烈的时代感、历史感和现实精神。

三、简答题

分析穆旦诗歌的艺术风格。

答:穆旦是一位“自觉的现代主义者”,他的诗歌具有强烈的现代意识和爱国情怀,富于深厚凝重的情感和思辨,对诗歌如何表达现代人的生存处境做了出色的探索。穆旦的艺术个性独特、思想超越、手法前卫,他那充满现代意识的诗句历史感依然强烈,感觉与玄学结合,深沉而略显晦涩。他反叛古典的“雅言化”诗歌语言，突破了古典诗歌的固有格局，清除了那些古色古香的诗歌语言，代之以充满现代生活气息的现代语言。同时，散文化的句式也取代了纯诗式的语句，文法的超逻辑取代了逻辑性，这些都使他的诗歌充满了思辨性、复杂性和抽象感。

第十一章　赵树理

第一部分　考点归纳

一、作者简介

赵树理,原名赵树礼,出生于一个普通农民家庭,从小便深受民间文艺的熏陶。1925年夏他考入山西省立长治第四师范学校,开始新文学的创作。1937年他加入中国共产党,投身革命,抗日战争期间,一直从事编辑等文化工作。

二、主要作品

长篇小说《李家庄的变迁》《三里湾》,中篇小说《李有才板话》《邪不压正》,短篇小说《小二黑结婚》《地板》《传家宝》,报告文学《孟祥英翻身》等。

三、文学影响

赵树理善于把握解放区新的政治文化环境下农民精神、心理上发生的变化。小说多以晋东南农村为背景,具有浓厚的地域民俗色彩,后来在其影响下,形成了"山药蛋派"作家群,包括马烽、西戎、李束为等,是当代地域文化色彩最鲜明的作家群体之一。其小说在艺术性和大众性的结合上,作出了成功尝试,偏重于大众化、通俗化的文学主张和对民间文化遗产的自觉汲取,是其创作中最大的特色所在。

第二部分　课后习题详解

1. 赵树理有意将小说作为通俗故事来写，以《小二黑结婚》为例，从小说结构、人物塑造、语言等方面分析赵树理是如何讲好一个故事的。

答：(1)小说结构：《小二黑结婚》突破了"五四"时期短篇小说截取生活的横断面来表现人物的特点，批判借鉴评书技法，开拓了一种新评书体，情节连贯完整，故事性强，易于被广大农民接受。小说以小二黑和小芹的恋爱为主线，穿插描绘了三仙姑、二诸葛及金旺兄弟的阻挠等故事，情节起伏饱满，故事丰富有趣。另外，作品还采用大故事嵌套小故事的艺术手法，小说共有十二个小节，每个小节即为一个故事，看似独立但实际上关联甚密，串联成一个完整的故事，同时每个小故事也清楚完整。赵树理保留了每个故事的关节，以吸引读者，使得情节环环相扣，引人入胜。如第二小节写三仙姑的来历，以问句形式结尾："三仙姑有什么本领能团结这伙青年呢？这秘密在她女儿小芹身上。"留有悬念，激发读者兴趣，并在下一小节揭开谜底。

(2)人物塑造：赵树理的小说在通俗、有趣的故事营构中常常凝聚着其对中国农村与农民文化深刻而独到的观察与发现，并且常能由此塑造出一个个跃然纸上的典型人物。他爱给笔下的人物取外号，如《小二黑结婚》中的"二诸葛""三仙姑"，通过简洁贴切的外号生动总结了人物形象特征，有很强的艺术概括力，又为读者所喜闻乐见。在塑造人物时，赵树理尊重自己观察到的客观事实，带着人情味去观照他们，二诸葛、三仙姑显示出老一代农民身上浓厚的封建思想意识，小二黑与小芹则是根植于解放区典型环境中的新一代农民形象。赵树理笔下的人物具有深刻的典型意义和认识价值。

(3)语言：赵树理的小说语言有很强的叙说性，赵树理曾言"我一开始写小说就是要它成为能说的"，因此他在作品中尽量避免采用文人书面语，也淘汰掉生僻的土语，吸收通俗晓畅的方言口语进入作品，如"死受""相跟""团弄""开解"等。这类语言同山西的民情风俗融合在一起，不仅为小说增添了浓郁的地方色彩和乡土风味，也构成赵树理小说别具一格的自然亲切、幽默质朴的语言风格。例如《小二黑结婚》中形容爱臭美的三仙姑是"老来俏"，写她官粉涂不平脸上的皱纹，"看起来好像驴粪蛋上下了霜"。这些通俗化、大众化、口语化的表达,平易风趣又富于生活气息,让人百读不厌。

2. 阅读毛泽东《在延安文艺座谈会上的讲话》一文,谈谈赵树理的创作在哪些方面符合毛泽东提出的文学主张。

答:1942 年 5 月,毛泽东在举行于延安的文艺座谈会上发表了重要讲话,后收入《毛泽东选集》,称为《在延安文艺座谈会上的讲话》(以下简称《讲话》)。《讲话》论述的核心是革命文艺"为群众"以及"如何为群众"的问题,探讨的是党、知识分子与民众的关系。1947 年,晋冀鲁豫边区文联举行文艺座谈会,会上,赵树理的作品因"具有高度的革命功利主义"和创造了"为广大群众所欢迎的民族新形式"而被标举为"赵树理方向"。赵树理把革命的政治需要和农民的审美趣味结合起来,体现了《讲话》对革命文艺的要求,因此,赵树理的作品从解放区到新中国成立的头几年一直被当作贯彻《讲话》精神的丰硕成果。

首先,《讲话》确立了"工农兵"方向,即文艺首先为工农兵服务。赵树理长期生活在农村,凭借对农村与农民的深入了解以及对中国农村变革进程的深切体验写作小说,他笔下的农民是真正的农民,题材也都围绕农民和农村展开。如《小二黑结婚》借青年人婚姻自主批评农村封建思想,《李有才板话》配合减租斗争、改选村政权写农民翻身等。

其次,《讲话》强调大众化,倡导普及与提高相结合:"就是我们的文艺工作者的思想感情和工农兵大众要打成一片。而要打成一片,就应当认真学习群众的语言。"赵树理的小说都是故事体小说,他的创作经验是通过故事影响农民群众,因此强调口语化、通俗性。赵树理坦言自己不想做"文坛文学家",而立志要做"文摊文学家"。他宣传新婚姻法的短篇小说《登记》的开头有如说书人的"书帽":"诸位朋友们:今天让我来说个新故事。这个故事题目叫《登记》,要从一个罗汉钱说起。"介绍人物也是要言不烦且合辙上口:"有个农村叫张家庄。张家庄有个张木匠。张木匠有个好老婆,外号叫个小飞蛾。"其作品的大众化程度可见一斑。

最后,《讲话》要求文艺服从政治:"这政治是指阶级的政治、群众的政治,不是所谓少数政治家的政治。"并提出政治标准第一,艺术标准第二。赵树理小说的政治功利性集中体现在他的"问题小说"中,即多着眼于工作中的方针政策、方法作风问题等。赵树理是以"工作干部"的身份写小说的,因此在他的"问题小说"中贯穿着一条明确的创作思路:从工作中发现和提出问题——分析矛盾——解决方法——指导工作。如《三里湾》把支持和反对合作化的两种思想贯穿到家庭生活与婚恋关系等冲突矛盾中，真实、深刻地描写了中国合作化初期农村和农民思想上发生的巨大变化，并指明了社会主义道路必然胜利的历史趋势。

第三部分　典型习题详解

一、选择题

1.“山药蛋派”代表作家，创作《小二黑结婚》《李有才板话》的是(　　)。

A. 赵树理　　B. 孙犁　　C. 周立波　　D. 丁玲

2. 下列作品中不是赵树理创作的作品是(　　)。

A.《李家庄的变迁》　　B.《三里湾》

C.《山乡巨变》　　D.《传家宝》

3.“三仙姑”是哪部小说中的人物形象？(　　)

A.《三里湾》　　B.《李有才板话》

C.《小二黑结婚》　　D.《灵泉洞》

4. 下列关于现当代作家作品的叙述，不正确的是(　　)

A. 王蒙是中国现当代文学史上创作生涯最长的作家之一，其代表作《创业史》以高昂的革命乐观主义精神，向读者展示了青年人朝气蓬勃的精神面貌

B. 沈从文，京派代表作家之一，其小说创作不重情节，强调意境的营造，明净清浪。《边城》是其代表作

C. 赵树理是“山药蛋派”作家群的领军人物，其作品多表现农民生活，偏重大众化、通俗化，其代表作《小二黑结婚》产生了广泛影响

D. 汪曾祺曾师从沈从文并深受影响，其作品善于描写富有情趣的地方风俗和世态人情，文字简洁、质朴而不失幽默和典雅，代表作品有《受戒》《大淖记事》等

【解析】《创业史》作者为柳青。

【答案】1. A　2. C　3. C　4. A

二、填空题

1. ________是我国现代的重要作家之一，被誉为“写农村的铁笔圣手”，其作品的最大特点是民族化、大众化、通俗化，其代表作有《小二黑结婚》和《李有才板话》。

2. 赵树理的________被茅盾誉为“走向民族形式的里程碑”。

3. 长篇小说《三里湾》是________的代表作品，长篇小说《保卫延安》是________的代表作品。

【答案】1. 赵树理　2.《李有才板话》　3. 赵树理　杜鹏程

三、名词解释

1. 山药蛋派

答：“山药蛋派”是以赵树理为代表的一个当代文学流派，主要作家有马烽、西戎、束为、孙谦、胡正等。他们都是山西农村土生土长的作家，有比较深厚的农村生活基础。20 世纪 50 年代中期以后，他们有意识地以赵树理为中心，培养、形成风格相近的流派，代表作有《三里湾》《登记》《锻炼锻炼》《饲养员赵大叔》等。他们坚持革命现实主义的创作方法，忠实于农村复杂矛盾的现实生活，忠实于自己的真情实感，注意写出人物的复杂性与多样性，作品通俗易懂，具有浓厚的民族风格和地方色彩。

2.“三仙姑系列”

答：“三仙姑系列”是赵树理作品中一批生动的人物形象，是农村落后妇女的形象系列，如三仙姑、孟祥英的婆婆、常有理等。这些人物不仅思想落后，而且性格中往往带有某些畸形、变态的成分，如虐待丈夫、嫉妒女儿，有的还在男女作风上不甚严肃。她们好吃懒做，虽然都出身于劳动家庭，却缺少劳动人民的传统美德。但是，这些人物从另一个方面反映了封建社会对妇女精神与肉体的残害。

四、简答题

1. 简要分析赵树理小说中的农民形象。

答:赵树理的小说主要塑造了以下两类典型的农民形象:

第一种是"老一代农民"形象,他们顽固守旧,深受封建思想毒害。如《小二黑结婚》中的二诸葛和三仙姑,《孟祥英翻身》中的梅尼母子,《李家庄的变迁》中的老秦等,都是背着沉重的封建主义思想包袱的旧式农民,他们面对巨大的社会变革,"翻身"后身上的封建落后性仍然根深蒂固。赵树理真实地刻画了他们的落后、愚昧和迷信,也写他们的质朴、善良,并常安排或暗示他们的转变与新生。

第二种是年青一代的"新人"形象。如小二黑与小芹,还有李有才以及孟祥英等,他们都是同封建制度作斗争的代表。他们试图开始掌握自己的命运,并敢于挣脱旧的精神枷锁,他们的行为性格被赋予社会变革的政治内涵,又自然植根于解放区的典型环境,有深厚的生活根据。

2. 赵树理农村小说创作的艺术特色。

答:赵树理小说在艺术的民族化、大众化方面,取得了卓越成就,这主要表现在人物描写、结构安排、语言运用等方面。

(1)在人物描写上,赵树理不是在静止的状态中消极地描写人物,而是在斗争的发展中来展现人物的性格。比如《李有才板话》中老杨的性格,就是在阎家山两个阶级激烈搏战的斗争环境中得到充分表现的。赵树理总是通过人物自己的行动和语言来显示他们的性格,表现他们的思想情绪。对二诸葛、三仙姑这两位人物性格的刻画,就是采用这种方法的成功例证。

(2)在结构安排上,赵树理小说继承古典小说、评话说书的结构方法,大多采用单线发展的写法,但又适应时代要求,摈弃了传统的章回体形式,接受了"五四"以来新小说的形式,并且融会贯通,进行艺术冶炼,使小说的结构形成了鲜明而新颖的民族特色——故事完整,有头有尾;情节连贯,曲折多变;疏密相间,脉络清晰。

(3)在语言运用上,赵树理小说的语言完全是活在人民群众口头上的语言,生动活泼,通俗易懂,形象鲜明,风趣幽默,富有浓厚的生活气息。具体地说,就是有着口语化、形象化、个性化和独特的民族风格的语言。

第十二章　汪曾祺

第一部分　考点归纳

一、作者简介

汪曾祺,出生于江苏高邮士绅之家,1939 年就读于西南联大中文系,师从沈从文并深受其影响。

二、主要作品

汪曾祺于 1940 年初开始发表作品,出版小说集《邂逅集》。新时期后又陆续出版了《晚饭花集》《汪曾祺短篇小说集》等小说集、《蒲桥集》《汪曾祺小品》等散文集、文学评论集《晚翠文谈》。20 世纪 50—60 年代曾参与编写《沙家浜》《范进中举》等京剧剧本。20 世纪 80 年代初发表的小说《受戒》《大淖记事》《异秉》获得了文坛普遍的关注和赞誉。

三、文学影响

汪曾祺善于描写富有情趣的地方风习和世态人情,对乡村市井的陈腐生活虽不无针砭和嘲讽,但更多的是发现乡镇民间生活的美和健康人性,其小说故事性不强但结构方式独特,延续了 20 世纪 40 年代沈从文等“京派作家”提倡“散文化小说”的努力。汪曾祺在小说文体上的创造影响了当代一些小说家和散文家的创作,“新时期”以来,其独立于各种文学潮流之外、自成一脉的文学品格格外受到赞誉。

第二部分　课后习题详解

1. 通过《受戒》及汪曾祺的其他小说，分析“散文化的小说”的特点。

答：作为中国传统的文学类型，散文的核心在于形散而神不散。汪曾祺的小说在气韵的贯通、叙事的散漫上取法散文，同时他也取法小说，如沈从文结构上的“匀称”、契诃夫结构上的“随便”等，所以他的小说是散文化小说。汪曾祺的散文化小说的特征主要表现为：没有严谨的结构；情节淡化，故事性不强；不着重写人物、故事，而着重写意境、印象、感觉，作者的主体意识很强；语言平淡闲适，不疾不徐，舒展自然；融入碎片似的生活内容，如一幅徐徐铺开的生活图景。

汪曾祺认为在短篇小说中只要写出了气氛，即使不写故事，没有情节，不直接写人物性格、心理，也可以在字里行间浸透人物，因为气氛即人物。所谓气氛，既包括作者的情感、情绪的自然流露，也包括自然风光、民情风俗的生动描绘。

短篇小说《受戒》是汪曾祺散文化小说的代表作之一，小说语言清新质朴而又充满灵气，作者用诗意的笔触为我们描绘了一幅幅淳朴的民间生活图，讲述了一位名叫明海的小和尚与一位名叫小英子的农家女之间天真无邪的朦胧爱情故事。全文没有激烈的矛盾冲突，汪曾祺以舒缓的方式零零散散地讲述，语言平实淡雅、清逸灵动，为读者构建了一个至善至美的桃花源世界。

《受戒》结尾的文字极美，像是从写景散文中抽出的一段，但这段文字在描摹芦花荡景致的同时，还发挥了推动故事情节发展的作用。《受戒》中荸荠庵的师父与普遍观念中的出家人形象大相径庭，但读者不会计较这些有违世俗的地方，反而会被其中的和谐、安宁之美和小英子的率真所打动。汪曾祺用温馨纯美的笔调，抒发了对生活、对人生的热爱，洋溢着人性和人情的欢歌。

2. 试着了解 20 世纪 80 年代文学，体会为什么说“汪曾祺是难以归类的作家”。

答：以 1985 年前后为界，20 世纪 80 年代文学可以分为两个阶段。20 世纪 80 年代前期，文学界和思想文化界的关注点是刚刚过去的“文革”。挣脱“文革”的枷锁，更新全民族观念的“文化启蒙”（新启蒙）是此时思想文化的主潮。与此相应，文学上呼唤传统的“现实主义”，主题都与“文革”的历史记忆有关，多为亲历者对历史灾难提供的证言，以及对于历史责任的思考。在小说创作方面，出现了伤痕小说、反思小说和改革小说，而诗歌创作的主要构成，则是“复出诗人”的“归来的歌”和青年诗人的朦胧诗创作；戏剧、话剧也大多是与“文革”有关的“社会问题剧”。

20 世纪 80 年代中期，作家们越来越多地把现实的社会变革同我们民族的历史、精神和文化传统联系起来。1985 年，韩少功、阿城等相继发表文章，打出了“寻根文学”的旗帜。他们提倡把文学的“根”扎在本民族文化的土壤中。20 世纪 80 年代后期小说创作的热点是“先锋小说”和“新写实小说”：前者有现代主义和后现代主义倾向，十分重视形式，将过去被看作技巧性的叙述提高到小说的本体地位，具有反叛性、实验性；后者关心“题材”的价值，着重表现现实社会的人生问题和困境，向写实的传统方法回归。

20 世纪 80 年代初，汪曾祺发表的《受戒》《异秉》《大淖记事》等作品并未引起重视，甚至被视为异类，主要缘于其与同时期小说不同的叙事风格和主题。汪曾祺一直关注普通人的生活，作品充满浓郁的乡土生活气息。他描摹的是以其家乡高邮的传统风俗民情为背景的普通人的生活，作品中的小人物都拥有乐观豁达的心态，呈现出和谐温馨的氛围，相对少了“寻根文学”对于传统文化失落的感慨。而且，汪曾祺的作品基本都是散文化的短篇小说，不注重故事情节，着力营造氛围，与同时期的主潮小说对于叙事和人物塑造的强调形成鲜明对比，因而很难被归类。此外，汪曾祺的作品还显示出现代性风格，有先锋性质，尤其在对于情爱思想的态度上。汪曾祺强调一种健康的、合乎人性的生活态度，颂扬一种拥有自由意志的生活方式，这和其导师沈从文是一脉相承的。尽管汪曾祺的创作因不具有典型群体性特征而未被纳入文学主潮，但他独特的个性气质以及对于文学审美理想的执着追求、其作品独具特色的美学风格，对于当代中国文坛仍具有很高的价值。

第三部分　典型习题详解

一、选择题

1. 小说《受戒》是下列哪位作家的作品？(　　)

A. 汪曾祺　　B. 萧红　　C. 钱钟书　　D. 张天翼

2. 明海是汪曾祺小说的主人公，该小说是(　　)。

A.《大淖记事》　B.《受戒》　C.《异秉》　D.《鸡鸭名家》

【答案】1. A　2. B

二、填空题

1. 汪曾祺在________中，用抒情的笔调描写了一个小和尚与村姑的恋爱故事。

2. ________被誉为“抒情的人道主义者”“中国最后一个士大夫”，小说代表作有《受戒》《大淖记事》等。

【答案】1.《受戒》　2. 汪曾祺

三、名词解释

1. 汪曾祺

答：汪曾祺是中国现当代文学史上著名的小说家、散文家，京派作家的代表人物。他在短篇小说创作、戏剧与民间文艺的研究上都有很高造诣，代表作有《受戒》《大淖记事》等。在创作上，汪曾祺主张回到现实主义，表现民族传统，表达纯真、自然的情感，以深厚的中国文化传统和审美经验为基础，形成具有多重意蕴和别具一格的文体风格。其小说大都取材于民情风俗、日常生活，语言自然活泼，文风清新质朴，意境优雅唯美，赞颂了乡镇民间生活的美和健康的人性。

2.《受戒》

答：《受戒》是汪曾祺的作品，小说讲述了在民风淳朴的江南水乡，一对少男少女多少有些奇特的爱情故事。明海从小就出了家，在荸荠庵当和尚，认识了划船采莲的小英子。二人两小无猜，在朴实而充满快乐的乡间生活中，自然而然地产生了纯真、美好的爱情。作家有意识地将那种晶莹剔透、充满着纯情的感情领入了诗的境界，让人心甘情愿地深陷于那个出世的幻境。作品的细节描写给人耳目一新的感觉，荸荠庵里的和尚与平常人一样生活，打破了人与宗教之间的隔阂，充分展现了作者对健康自然人性的追求。小说语言平淡质朴，细细咀嚼却回味无穷，兼具散文化和诗化的特征，而对乡土风俗的描写，更使作品具有浓郁的地方特色。

四、简答题

1. 简述汪曾祺20世纪80年代的小说创作。

答:汪曾祺是乡土文化小说的集大成者,其创作横跨20世纪40年代至80年代,以80年代为盛,主要作品有《受戒》《异秉》《大淖记事》等。和"新时期"以后多数小说家不同,他不涉足中长篇,也从未试图建造全景式的巨作。汪曾祺的小说充溢着原生态的"中国味",其小说创作在80年代的文坛上独树一帜。

(1)思想内容

汪曾祺20世纪80年代创作的小说大多是"文化小说",描绘了一幅幅乡土风情画。与当时许多寻根小说作家一样,他偏爱写风俗,但风俗于他却不只是点缀,它不再承担额外的社会寄托,而是上升到小说本体的位置,具有独立的审美内涵。汪曾祺认为:"风俗是一个民族集体创造的生活抒情诗。"风俗对于汪曾祺而言是一种特定的生活内容,描写它是为了张扬生命情调与审美精神。他的作品也折射出他的哲学思想,流露出道家主张的随缘自适、自足自保的悠然意趣。因此,汪曾祺的乡土文化写作基本摆脱了功利色彩,呈现为自然、平实的艺术存在。

(2)艺术手法

第一,抒情现实主义的创作心理。

汪曾祺在展示美与健康的人性的同时,也常常对人性的丑恶发出深沉的喟叹,继承了现实主义传统,但在风格上除去火气、感伤,达到了恬静、淡泊的境界,形成了饶有特色的"抒情现实主义"。《异秉》中对市井平民习以为常的僵硬刻板的生活,于生无望而求助于"异秉"的猥琐心理,都有所针砭,但毕竟同情与悲悯要多于批判,作者在沉静的笔调中也抒发了对生命的礼赞之情。

第二,叙述上的诗化和散文化。

汪曾祺注重小说的文体建构,他曾自诩为"文体家",毕生致力于短篇小说创作,对"新时期"小说的发展产生了深刻影响。他的小说弱化情节,充满抒情的诗情画意,语言简洁明快,流畅自然,生动传神,富于节奏感、色彩美,体现出浓郁的文人气。《受戒》没有集中的故事情节,而是用散文的笔法从容地描摹爱情的氛围,抒写诗化的情愫,塑造了诗意的、充满梦幻色彩的空间,通过地域风情的描写,衬托了纯朴的民俗。

第三，以小见大的创作手法。

汪曾祺在中国当代文坛上的贡献在于他对“大文化”“大话语”“大叙事”的解构，在于他对个体生存的富有人情味的真境界的昭示和呼唤，在于他帮助人们发现了就在自己身边的“凡人小事”之美，以小见大。《受戒》以两个小人物明海和小英子之间纯洁、朴素的爱情为主线，通过日常的琐碎小事，赞美了江南水乡的风俗美、人性美，表达了作者“桃花源”式的自然纯朴的生活理想。

(3)文学史意义

汪曾祺的小说在文学史上的意义主要包括：①小说自身审美功能的回归；②观念上的平和疏散和叙述上的平淡；③抒情小说传统的接续；④成熟的小说文体典范。

总之，汪曾祺20世纪80年代的小说，从内容上到形式上建立了一种原汁原味的“本色艺术”，创造真境界，传达真感情，引领人们到达精神世界的净土，其创作观念是对当时和当下小说创作功利化追求的反驳，是对多样化审美境界的开拓。

2.结合具体作品，论述评价汪曾祺的创作。

答：(1)汪曾祺的散文创作

汪曾祺的乡土风情散文多来自对童年趣事、故乡风物、家人乡亲、个人经历的回忆。回忆中的故乡风土人情经过了主体思想、情感和审美取向的过滤，变得纯净温情，并体现出作者厚重的文化意识，这是他乡土风情散文的一个显著特点。

汪曾祺描绘的故乡是既氤氲着爱与美的神性和诗意，又充满着烟火气息的民俗风景画。如《故乡的元宵》对节日里家乡特有的情景表现得生动鲜活，《耿庙神灯》《文游台》等在描写故乡景物的笔触中充满了向往美与爱的感情。

汪曾祺笔下故乡的自然风物、凡人琐事构成了一个温馨、适意的世界，透示着他对尘间俗世的执着与肯定，浸透着他的文化思想。

浓郁的抒情气息是汪曾祺乡土风情散文的又一特色。汪曾祺曾说：“用充满温情的眼睛看人，发掘普通人身上的美和诗意。”如《水母》将探细入微的笔触深入民间文化活泼温情的一面，诙谐有趣而富有泥土气息。

汪曾祺的乡土风情散文营造的是一种和谐而又平淡的氛围，他的艺术追求是“热情的恬淡、人世的隐逸”。这种和谐既是作家家乡本身所具有的文化氛围的反映,又是作家主体文化修养的自然投射。

行文随意曲折,若无结构;语言近口语,节奏感强;涉笔成趣,征引广博,随意挥洒都是汪曾祺散文的风格特色。

(2)汪曾祺的小说创作

第一,原生状态下的中国民俗风情画卷。

汪曾祺的小说中流溢出的美质,在于他对人们心灵和性灵的发现,并以近乎虔敬的态度来抒写民族的传统美德。他说:“我写的是美,是健康的人性。”如《受戒》和《大淖记事》。

第二,抒情现实主义的创作心理。

汪曾祺在展示美与健康的人性的同时,也常常对人性的丑恶发出深沉的喟叹。《钓人的孩子》反映的是货币使人变魔鬼,《职业》写的是失去童年的“童年”和人世多辛苦,《陈小手》更揭示了封建主义、男权专制的残暴。

第三,以小见大的艺术哲学。

汪曾祺在中国当代文坛上的贡献在于他对“大文化”“大话语”“大叙事”的解构,在于他对个体生存的富有人情味的真境界的昭示和呼唤,在于他帮助人们发现了就在自己身边的“凡人小事”之美。美在身边,美在本分。汪曾祺小说的精神气质和艺术神韵之所以具有强大的魅力,就在于其对“凡人小事”的审视,能做到以小见大。

第十三章　王　蒙

第一部分　考点归纳

一、作者简介

王蒙，当代著名作家，第九届茅盾文学奖获得者，1956 年发表《组织部新来的青年人》，产生很大反响。曾任《人民文学》主编、中国作协副主席、国家文化部部长等职。2020 年获共和国勋章。王蒙自 20 世纪 50 年代即发表重要作品，70 年代末“复出”后长期保持旺盛的创作活力。

二、主要作品

长篇小说《青春万岁》《活动变人形》《这边风景》和“季节系列”等，中短篇小说《组织部新来的青年人》《布礼》《蝴蝶》等。

三、文学影响

王蒙早期创作充满革命理想主义精神。“文革”结束后，他的创作主题转向探讨知识分子与其所献身的社会理想之间的矛盾纠葛。早期作品中洋溢的乐观主义不见了，转而热衷于“现代派”等多种艺术手法、美学风格的探索。“多产”和“多变”成为他 20 世纪 80 年代以后创作的重要特征。

第二部分 课后习题详解

1.在《青春万岁》的序诗中,作者如何表达“青春”与“祖国”的关系?“青春”如何能“万岁”?

答:《青春万岁》写于1953年,全国人民都投身大力建设新中国的热潮中,祖国正处于“青春”期。作者王蒙写作时只有19岁,写出来的作品也充满了浓郁的青春气息。小说描写的是20世纪50年代初期一群即将毕业的高中生的校园生活。在序诗中,王蒙通过描述小船上的歌笑、月下校园的欢舞、细雨里的踏青、晨雪里的行军、热烈的争论等场景和意象,表现了青年人热情饱满、燃烧沸腾的生活,以及青年学生们那种充满激情、朝气和青春活力的精神面貌,进而形成了一种欢乐、热烈、青春的鲜明意境。序诗借此表达了青年人对生活的无比热爱、对人生的无限憧憬和对未来的坚定信念,展示了新中国成立初期青年人特有的献身祖国、建设祖国的自豪与责任、豪情与壮志。祖国的青春与青年人的青春紧密联系在一起。

青春可以“万岁”吗?就一个人的生理时间而言,青春短暂,不过寥寥数年;就一个人的内心而言,如果永葆对生活的渴望、对生命的热爱、对创造的追求,那么,他可以“青春”一生。对于人类而言,人生代代,大河浪涌,一辈又一辈具有青春活力的人造就了人类的历史,由此,可以实现从短暂到永恒的超越。对于王蒙而言,他的创作动机是为革命留下青春的倩影:“这样一代青年人是难以再现的,我要表现他们,描写他们。”于是,与新中国共享青春时光的青年人,也在王蒙的书写中获得了“万岁”的永恒意义和价值。

2.结合选文中“巧遇毛主席”的情节,谈谈这部作品中写实与虚构、革命的现实主义与浪漫主义之间的关系。

答:写实和虚构是文艺创作的两种基本方法,前者指按照生活本来的样子写,强调真人真事;后者则充分发挥联想和想象,对生活素材进行选取、集中、提炼等艺术加工。虚构是生活真实和艺术真实转化的中介。《青春万岁》出版时,王蒙曾说:“我认为毛泽东同志关于革命现实主义与革命浪漫主义的提法是很有价值的。”他强调现实主义与浪漫主义结合并重,而《青春万岁》就是他对自己这一创作理念的最好实践。

《青春万岁》讲述了新中国成立之初北京女高中生的集体生活，通过郑波、杨蔷云、李春、呼玛丽、苏宁等人的命运折射了一代青年人从旧社会到新社会的全新转折。选文中的“巧遇毛主席”情节，源于王蒙本人的真实经历：1949 年 8 月，他被送到中央团校学习，在毕业典礼上，他和他的同学受到毛泽东的亲自接见。王蒙对这一经历进行艺术虚构与加工，将其写入小说，于是，杨蔷云、郑波等人在天安门巧遇毛主席，便显得似真似幻。学生们聚集在北海白塔旁的山顶，所见所感是真实、美丽、诗意的。面临毕业的她们热烈地讨论着即将开始的“全新的、不知道要复杂多少倍的生活”，由衷地抒发“我们都确定地知道了未来的生活道路，这道路就是为了祖国、为了社会主义献出一切”的革命激情，兴致高昂地朗诵诗词，传达出欢欣鼓舞的时代气息。而这种斗志昂扬的情怀所彰显的革命浪漫主义随着毛主席的出场达到高潮。毛主席的出场和对青年们的讲话，传递了对光明未来的无限畅想以及对青年们投身革命与建设的期许。“天安门前淡蓝色的曙光”预示着“新的一天就要到来了”的光明结尾，也暗合毛泽东对青年“八九点钟的太阳”的想象，朝气蓬勃，充满生机与活力。在这一刻，过去所有的不安和忧愁似乎都融化于无形之中，照亮天安门广场的晨曦，也照亮了中国青年人的心。

第三部分　典型习题详解

一、选择题

1. 王蒙的（　　）被著名导演黄蜀芹改编成同名电影。

A.《组织部新来的青年人》　　B.《相见时难》

C.《青春万岁》　　D.《蝴蝶》

2. 下列关于王蒙的小说《组织部新来的青年人》的表述，正确的是（　　）

A. 小说描写了在抗日战争背景下，知识青年走上革命道路的故事

B. 小说通过青年干部林震的经历，展现了干部与群众之间的深厚情谊

C. 小说揭示了当时官僚主义作风和新青年理想之间的冲突

D. 小说主要表现了知识分子在革命中的彷徨与迷茫

【解析】《组织部新来的青年人》主要讲述了青年干部林震在工作中遇到的官僚主义问题，揭示了新生力量与旧有体制之间的矛盾和冲突。

【答案】1. C　2. C

二、填空题

1. 王蒙的《青春万岁》、杨沫的《青春之歌》、王朔的《动物凶猛》按作品中故事发生的时代背景排序为________、________、________。

2. 倪吾诚是王蒙的长篇小说________中的主人公。

【答案】1.《青春之歌》《青春万岁》《动物凶猛》　2.《活动变人形》

三、名词解释

《青春万岁》

答:《青春万岁》是王蒙创作的长篇小说,写于20世纪50年代初。小说描写了20世纪50年代初期北京女七中高三女生热情洋溢的青春生活,刻画了一批成长于新旧交替时代的青年人特有的精神风貌,充满了高昂的革命乐观主义精神。作品通过描写学生们的欢乐和烦恼,歌颂了一代青年对新生活的追求和为祖国献身的精神,赞美了青春和理想。小说采用色调鲜明的对比衬托手法,表现了不同社会制度下人物的命运,歌颂了青春的力量。小说人物主要有郑波、杨蔷云、苏宁和呼玛丽等。

四、简答题

试论王蒙在中国文学史上的地位。

答:王蒙是中国当代文坛上重量级的作家,他创作了很多风格多样的作品,对中国当代文学的发展作出了很大的贡献。

(1)20世纪50—60年代,在"百花齐放"的氛围中,王蒙写出了《组织部新来的青年人》。这部"干预生活"的作品,以对工作和生活充满热情的大学毕业生林震来反衬刘世吾的圆滑、冷漠,将矛头直指官僚作风,作者也因此被划为"右派"而受到批判。

(2)1979年,"复出"后的王蒙写了一系列样式别致的意识流小说,如《春之声》《海的梦》《夜的眼》《蝴蝶》《布礼》《风筝飘带》等。这批作品从创作主题来看仍属于意识形态范畴,但是形式上却借鉴了西方现代派创作技巧,常常采用主观感受、内心独白、自由联想等艺术手法来表现生活，开了中国当代文学中现代小说的先河。

(3)王蒙创作了大量具有政治色彩的作品，但他并没有不顾文学性直接喊口号，而是以一种寓言化的方式结构作品。《杂色》是这类小说中最有意味的一篇，曹千里和灰色老马都是符号化的，有着隐喻意义，都指向刚跨过两个历史时代的中华民族。

(4)20 世纪 90 年代以来，王蒙将审视的目光转向了知识分子自身，这从他的“季节系列”小说中就能看出来。王蒙用《恋爱的季节》《失态的季节》等小说，对自己的“右派”生活进行了全面观照和理性反思，突破了自己以及其他作家在同类题材中那种矫饰与拔高的“浪漫化”的表现方式，对知识分子内在精神世界进行了自省。

可见，王蒙在当代文坛地位的确立不仅在于他的作品显示出思想、文化方面的厚度，而且在于他是小说创作艺术探索道路上的急先锋。

第十四章 路 遥

第一部分 考点归纳

一、作者简介

路遥,中国当代最具代表性的现实主义作家,第三届茅盾文学奖获得者。1970 年以笔名“路遥”开始文学创作。

二、主要作品

长篇小说《平凡的世界》,中篇小说《人生》《惊心动魄的一幕》等,以及《路遥文集》《路遥全集》《路遥全集·典藏版》。

三、文学影响

路遥的创作均以陕西黄土地为背景,尤其擅长塑造不屈服于命运的个人奋斗的农村青年形象。在创作方法上,他自觉以柳青(《创业史》作者)为师,坚持继承和发展现实主义写作方法。《平凡的世界》自问世以来在读者间产生强大共鸣,是当代小说中销量最大、影响最深远的“现实主义长销书”。

第二部分 课后习题详解

1. 这部作品名为《平凡的世界》，主人公孙少平一直没有摆脱“底层劳动者”的身份，但他却一直在平凡的生活中寻找着生活的意义。结合选文，谈谈你对“平凡”与“不凡”的理解。

答：世界上绝大多数人都是平凡人，过着平凡的生活，但正如文中所说：“即使最平凡的人，也得要为他那个世界的存在而战斗。”在黄原揽工生涯中，孙少平过的是底层的生活，身体遭受着严峻的挑战，他无疑是平凡的。但孙少平一边从事高强度的体力劳动，一边仍刻苦求知、努力读书，支撑其不懈追求的是一个乡村青年对外面世界的向往和青春的强大活力。“书把他从沉重的生活中拉出来，使他的精神不致被劳动压得麻木不仁。”通过不断阅读，孙少平的胸襟日渐开阔。别人打工是为了养家糊口、改善生活条件，孙少平则是为了走向更为广阔的人生舞台，他向往的是“生活在别处”，这是他的“不凡”之处。这个年轻人总是在接受艰难的现实的同时，尽力保持思想的高度，并思考改变现实的可行路径。

在《平凡的世界》里，平凡的人物都在以自己的方式与命运抗争，面对苦难，他们不是消极抱怨，而是在理解的基础上积极进取，这是对生命价值的追求。孙少平读完名人传记，领悟到：“连伟人的一生都充满了那么大的艰辛，一个平凡的人吃点苦又算得了什么呢?”这已经不是平凡的情感世界了。一个平凡的人，敢于与命运进行无畏的搏斗并毫不怯弱、充满斗志，这种超越性是“不凡”的。人活在世上是艰辛的，可人们依然努力克服生活中的苦难，对未来美好的生活坚信不疑。苦难不可怕，可贵的是在经受苦难的磨炼后，平凡的人们都能找到自己的人生道路。

2. 结合作品，分析现实主义叙事是如何打动读者、引发情感共鸣的。

答：《平凡的世界》是一部现实主义力作，向我们展示了中国当代农村社会的现实景象，主要包括农村、农业和农民的生活处境，城乡接合部或“断裂带”的生存现实，以及农民走向城市的艰难步伐。路遥把国家大事、政治形势、家族矛盾、农民生活、新一代青年的情感纠葛以及黄土高原古朴的道德风尚、生活习俗都真实而细腻地描绘出来，构成一幅 20 世纪 70 年代到 80 年代中期农村生活的全景式画卷。其中既有作者对家乡父老温馨动人的情愫,又体现了作者对社会历史和人生的深刻思考与理解。

现实主义作品的基本魅力之一,就是以扎实可信的细节创造逼真的现实感。《平凡的世界》深受读者欢迎的主要原因是,作品中大量对农村贫困生活的细节描写在相同经历者中引起极大的情感共鸣,主人公不屈服于命运的奋斗精神也给予读者极大的精神鼓励。以"血统农民"的身份塑造出从中国农村底层走出来的个人奋斗的"当代英雄",是路遥对当代文学的独特贡献。

《平凡的世界》里那套扎扎实实的现实描写背后有一种非常光明乐观的信仰:聪明、勤劳、善良的人最终会丰衣足食、出人头地。书中一个个推动故事发展的情节安排(孙少安、孙少平不断遇到善人帮助、得到贵人赏识、获得美好的爱情)都是基于这种信仰,这给了读者极大的心理满足和阅读快感。

《平凡的世界》多年来魅力不减,不只是因为可从中看到 20 世纪七八十年代农村变革的真实图景,更在于当年孙少平面临的生存困境至今在很大程度上仍是底层青年面临的困境,但今天的作家很难像路遥那样真诚地渴望在现实的改革中通过励志去改变个人命运,读者们仍然需要从这部几十年前的作品中获得温暖和抚慰。

第三部分　典型习题详解

一、选择题

1. 下列作家与作品相对应正确的是(　　)。

A. 路遥——《平凡的世界》　　B. 陈忠实——《人生》

C. 贾平凹——《白鹿原》　　D. 王安忆——《芙蓉镇》

2. 在《平凡的世界》中有这样一个情节:"他遥望着远方,竟然又忘情地唱起了那首歌——在那遥远的地方,有位好姑娘,人们走过了她的帐房,都要回头留恋地张望。——他立在十字街口,泪流满面地哼着这支没有回声的歌。许多过路的行人都惊奇地驻足而立,听他旁若无人地歌唱。人们多半认为,这是一个外地来的精神病人。不过,他却把这支美好的歌儿唱得如此让人揪心啊!"这里的"他"指的是(　　)

A. 金波　　B. 孙少安　　C. 孙少平　　D. 田润生

3. 有人说,《平凡的世界》中孙少平身上有着“亘古不变的农民特质”。下列表述不正确的是(　　)

A. 在农村生活影响下,孙少平成为勤劳质朴的青年,他具有农民的特质

B. 孙少平来自陕北黄土高原的农村,农民是孙少平最基本的身份

C. 在城市的任何地方,孙少平都会得到好人的出手相助,并且无私地帮助他

D. 面对他人过失,孙少平能理智解决,他宽厚善良的品格带有农民的特质

4. 下列关于现当代作家作品的介绍,不正确的是(　　)

A. 路遥是中国当代最具代表性的现实主义作家之一,擅长塑造不屈服于命运的个人奋斗的农村青年形象,代表作品有《平凡的世界》《人生》等

B. 叶圣陶的作品通过冷静观察和客观描写,表现出鲜明的现实主义特征,代表作品有《稻草人》《倪焕之》等

C. 孙犁的作品主要以歌颂祖国的大好河山和解放区百姓的淳朴、善良为主,文字清新明丽,代表作品有《荷花淀》《芦花荡》《风云初记》等

D. 徐志摩的诗歌字句清新,韵律和谐,想象丰富,意境优美,追求艺术形式的整饬、华美,代表作品有《再别康桥》《雨巷》《有的人》等

【解析】《雨巷》是戴望舒的作品,《有的人》是臧克家的作品。

【答案】1. A　2. A　3. C　4. D

二、填空题

1. 茅盾文学奖是根据茅盾的遗嘱设立的,主要是用于奖励________的创作,获第一届茅盾文学奖的小说有古华的________。《平凡的世界》获第三届茅盾文学奖,作者是________。

2. 高加林是路遥作品________中的主人公,他身上具有复杂的矛盾性。

【答案】1. 长篇小说　《芙蓉镇》　路遥　2.《人生》

三、名词解释

《平凡的世界》

答:《平凡的世界》是中国著名作家路遥创作的一部全景式表现中国当代城乡社会生活的长篇小说,全书共三部。作者以中国 20 世纪 70 年代中期到 80 年代中期这十年为背景,以孙少安和孙少平两兄弟为中心,刻画了当时社

会各阶层众多普通人的形象。劳动与爱情、挫折与追求、痛苦与欢乐、日常生活与巨大社会冲突纷繁地交织在一起,深刻地展示了普通人在大时代历史进程中所走过的艰难曲折的道路。《平凡的世界》被誉为“茅盾文学奖”皇冠上的明珠。

第十五章　陈忠实

第一部分　考点归纳

一、作者简介

陈忠实，陕西西安人，农民家庭出身，当过农村小学和中学老师、文化馆副馆长等，对农村生活非常熟悉。1982 年开始文学创作，主要写小说，也写散文。

二、主要作品

短篇小说《日子》《李十三推磨》，中篇小说《康家小院》，长篇小说《白鹿原》，散文《原下的日子》《渭北高原，关于一个人的记忆》等 70 多部作品。

三、文学影响

陈忠实的代表作《白鹿原》是一部非常大气的史诗性的长篇小说，其思想深度和艺术技巧都达到了当代中国小说艺术的高峰，曾获第四届茅盾文学奖。

第二部分　课后习题详解

1. 读过一遍之后，回头梳理一下，看作者是怎样写修祠堂这件事情的，重点写什么，如何处理细节，从中能看到作者什么态度。其实这也是小说常用的方法之一。

答：《白鹿原》中，修祠堂的工程由白嘉轩和鹿子霖分头负责，一个负责分工,一个负责后勤。小说描写了开工后男人和女人吃饭时欢快喜庆的气氛,重点写了村民踊跃捐赠修复祠堂所需的粮食和钱款。细节处写"白嘉轩把每家每户捐赠的粮食记了账,公布于祠堂外的围墙上""实在拿不出来一升一文的人家也不责怪"。白嘉轩翻修祠堂是希望重整家族体制,而在祠堂中建立学堂,又意味着传统的以家族为纽带的子女教育的式微和现代教育体制(学堂)的建立。祠堂作为宗族长老权威的体现,也是一个宗族发展的见证。白嘉轩对新学堂所寄托的仍然属于小农社会的耕读继世的期望,体现了他对传统文化和封建制度的维护。这里作者肯定了传统儒家思想所发挥的积极作用,也暗含了对于民族文化精神的思考与批判。

2.一个个家族都有各自的历史,兴衰交替,生生不息。重点阅读作品中白氏家族和祠堂兴衰的那几段描写,是否也引起你对自己家族历史的想象?和家长讨论一下这个问题,也许能追根溯源,写点儿有关自己家族或者亲人的故事。

【答题思路】结合自己的生活经历,回想自己家族中有哪些传奇历史故事或是家族中哪个人做了哪些感人、励志的事令自己印象深刻或是心生崇敬等,还可以从多角度着手。

第三部分 典型习题详解

一、选择题

1.陈忠实的什么作品被改编成电影?( )

A.《1942》 B.《红高粱》 C.《白鹿原》 D.《活着》

2.( )不是现代文学史上的"问题小说"。

A.《超人》 B.《夺命鸟》 C.《沉思》 D.《白鹿原》

3.白嘉轩是哪位作家笔下的人物?( )

A.陈忠实 B.东西 C.王朔 D.刘震云

4.陈忠实的长篇小说( )获得第四届茅盾文学奖。

A.《白鹿原》 B.《拇指铐》 C.《平凡世界》 D.《人生》

5.关于陈忠实的作品《白鹿原》,下列说法不正确的是( )

A.《白鹿原》是一部散文性质的长篇小说,其思想深度和艺术技巧都达到了

中国小说艺术的最高峰，曾获第四届茅盾文学奖

B. 作家以一个家族的兴衰见证了20世纪中国民主革命和社会革命曲折的历史变迁，展现了中国北方农村社会悲凉多难的画卷

C. 作家在时代变迁的大背景中刻画各种人物的命运，如白嘉轩、鹿子霖、朱先生等，展现了深刻的历史文化内涵

D.《白鹿原》中魔幻的写法引人注目，如鹿三杀死田小娥后，被鬼魂附体，还引起一场瘟疫，这体现了魔幻与现实的结合

【解析】《白鹿原》是一部典型的现实主义长篇小说，而非散文性质的作品。

【答案】1. C 2. D 3. A 4. A 5. A

二、名词解释

《白鹿原》

答：《白鹿原》是陈忠实写的一部非常大气的史诗性的长篇小说，1997年获得第四届茅盾文学奖。该书被称为"民族灵魂的秘史"。陈忠实努力践行写"秘史"的创作目标，以史诗般的雄大笔触，讲述中国北方黄土地上的家族故事，以一个家族的兴衰见证20世纪中国民主革命和社会革命曲折而触目惊心的历史变迁。小说写到大革命、日寇入侵、解放战争，白鹿原王旗变幻，翻云覆雨，家仇国恨，纠结交错，冤冤相报，周而复始，展现了中国北方农村社会悲凉多难的历史画卷。作者在时代变迁的大背景中刻画各种人物的命运，如白嘉轩、鹿子霖、鹿三、朱先生等，又都从不同侧面展示了深刻历史文化内涵。作者在塑造人物和叙说命运时，渗入了对于民族文化精神的思考与批判。

三、论述题

试论长篇小说《白鹿原》的艺术成就。

答：《白鹿原》是陈忠实的代表作，被评论界公认为是一部具有史诗性品格的作品。小说以陕西关中平原上素有"仁义村"之称的白鹿村为背景，细腻地反映出白姓和鹿姓两大家族祖孙三代的恩怨纷争。全书浓缩着深沉的民族历史内涵，有令人震撼的真实感和厚重的史诗风格，是中国当代文学史上不可多得的优秀作品。

《白鹿原》的艺术成就主要体现在以下方面：

(1)《白鹿原》是一部史诗性著作。小说的结构宏大，作者把半个世纪发生

在中华大地上的种种变迁全部纳入自己的艺术创作中,以“白鹿村”这个舞台为焦点,通过对白、鹿两族命运的刻画,真实地呈现出历史的丰富性、神秘性。小说一方面显示了历史的宏阔性和复杂性,另一方面又表达了对生命存在本质的怀疑。同时,作家对特定历史状态下的人生命运与人性内涵进行了深刻的探索,成功地揭示了历史演进中的偶然性以及历史与人性的特殊关系。小说所展示的“仁义白鹿村”的毁灭既是一种不可避免的历史命运,也是一种人性的悲剧。

(2)《白鹿原》是一部现实主义著作,但它的现实主义不同于以前的革命现实主义。革命现实主义,强调政治观念,要求比生活更为集中、更为突出地反映所谓“生活本质”,在人物塑造上有类型化和两极化倾向。这样往往偏离生活的常态,从而陷入政治图解式的叙述。而《白鹿原》力图展示生活原生态,揭示纷繁社会的文化属性与文化规律,它通过设置大量看似偶然的事件,把具体的人物命运和宏大的历史进程联结起来,从而使历史呈现出某种混沌的状态,具有了生命的灵气。

(3)《白鹿原》使用了丰富多样的创作手法。在具体的创作中,作者大量借鉴了潜意识、非理性、魔幻、死亡意识、性本能等现代主义手法,从而使情节更加曲折,突出了人物命运的不可臆测。陈忠实正是通过魔幻的描写,展示了人性深处的东西,揭示了人性的悲剧、人生的苦难。同时,这种手法还给所叙述的历史带来一种不可预知的神秘感,给读者以心灵上的震撼。

(4)《白鹿原》是一部具有浓郁文化意识和文化品格的巨著。小说无论在人物设置,还是在意象描写上都具有鲜明的文化象征意义。小说呈现的家族史的构架以及大量的文化风俗的描绘都是小说文化感的根源,而作家以现代意识对儒家文化命运的观照与剖析也正是小说主题内涵的一个重要方面。如果说“仁义白鹿村”象征着一种整体性的儒家文化的话,那么白嘉轩和朱先生正是儒家文化正面价值的象征。小说对于白嘉轩维护“仁义”和道德理想的艰辛历程的刻画,以及对于朱先生“圣贤人格”的塑造,都散发出强烈的文化气息。而鹿子霖作为一种负面文化价值的象征,体现的是作家对儒家文化的矛盾心态。他们共同构成了贯穿小说始终的文化忧虑和文化思索。

尽管《白鹿原》在中国当代文坛具有重要地位,其宏大的历史叙述、现代性的写作手法和对传统秦汉文化的扬弃态度备受读者的赞扬,但《白鹿原》仍有一些被人诟病的缺陷和不足,这需要我们理性对待。

第十六章　海　子

第一部分　考点归纳

一、作者简介

海子，原名查海生，20 世纪 80 年代后朦胧诗歌代表诗人。1979 年考入北京大学法律系，1983 年毕业后任中国政法大学哲学教师。1989 年 3 月，在山海关附近卧轨自杀，年仅 25 岁。

二、主要作品

在 1982 年至 1989 年短短的 7 年创作生涯中，海子共留下了近 300 首完整的抒情诗，其中创作于 1984 年的《亚洲铜》《阿尔的太阳》是其成名作，比较有名的抒情诗还有《面朝大海，春暖花开》《祖国（或以梦为马）》《麦地》等。创作后期有《河流》《传说》《但是水、水》等长诗，一部包含 7 篇长诗的诗剧《太阳》，一部幻想、仪式剧《弑》。

三、文学影响

海子是后朦胧诗人的代表。相对于北岛等朦胧诗人对“五四”文学传统的继承、对知识分子精神立场的坚守，后朦胧诗人更注重对个人心灵的探寻，并深受西方现代主义文学影响。

第二部分　课后习题详解

1. 反复诵读此诗，寻找并体会海子对“伟大的诗歌”的追求，以及支撑这种追求的精神世界。

答：这首抒情诗《祖国（或以梦为马）》写于 1987 年，当时正是海子“冲击极限”写作大诗《太阳·七部书》的中期，他亦正在构建自己的“大诗”理想。因此，这首诗与海子的写作状态、抱负乃至个人命运构成彼此印证的关系。海子曾不止一次地对中国诗歌的主流传统表达不满，并一再将自己的梦想归入另一种“伟大的诗歌”，他要写出的不是文本意义上的诗歌，而是真理和神启意义上的诗歌，即他自己所说的“真诗”和“大诗”。

海子认为，伟大的诗歌就是要“将自己和民族的材料和诗歌上升到整个人类的形象”，体现“人类精神”。在这首诗中，海子通过词语的还原与母题（“太阳”“大地”）的展开，将历史和文化熔于一炉，由此接近他心中的“诗”。诗中的“太阳”是海子自己的化身，是他对自己的诗化想象。他为自己选择的“永恒的事业”，就是“要成为太阳的一生”。他深陷于重重不得度的黑夜之中，却愿独自举起太阳的火焰，“此火为大”，是他在黑暗中的唯一慰藉，是在上帝消失后的世界中仅存的神性光辉。海子把自己的生命艺术化为诗歌，而诗歌就是他的理想和信念。他的诗歌内涵是其生命和诗歌艺术的互融。

他清楚地意识到自己“必将失败”，同时坚持“诗歌本身以太阳必将胜利”。他知道自己在世俗的意义上、在哲学与生命人格实践上，都必将“失败”，但是他会由此而留下感人的不朽诗篇。他将自己幻化为真理与宇宙，以及存在与造物本身——太阳，永恒燃烧并且毁灭着的太阳。

海子把这种对存在的追问和对生命终极价值的探寻的诗歌理想寄托在对一种伟大诗歌的创造上，他甘愿承受生命的痛苦，试图通过诗歌的“神性光辉”来照亮世界的黑暗。海子通过把自己生命艺术化的方式将自己奉献给了诗歌，成为诗歌的虔诚信徒，正是这种信仰支撑着追求的精神世界。

2.《祖国（或以梦为马）》这首诗的中心意象是什么？如何理解诗人的“以梦为马”？

答：《祖国（或以梦为马）》这首诗的中心意象是“祖国”“火”“太阳”等。这首诗表达了海子追求远方和崇高、伟大的事物的激情。诗人坚定地表明了自己的诗歌理想与人生态度，并将“爱国”的内涵定位在全力追求伟大的诗歌复活这一层面。海子的“祖国”，凸显的不是政治、现实，而是家园、历史。对于诗人来说，“祖国”既是故乡和血地，又是经验所及的边界，是汉语所照亮的精神世界的最后边疆，是可以用母语抵达的一切经验的尽头。在本诗中，“祖国”就是母语与自由，是无边的梦的世界，是可以尽情驰骋的最广大的世界的总称。

“以梦为马”，是一次宣示。对于诗人来说，“祖国”就是母语，就是他身上背负的文化母体，就是他骑着想象的、语言的骏马巡游到最遥远的边界，所到之处的边疆。他所说的“烈士与小丑”绝不是无所指的，但巨大的抱负使他超越了小人物的创伤、冤屈与愤懑，而升华出俗人永远无法理解的意图——他要“以梦为马”，做真正的凌虚高蹈者、天马行空者，他视俗世为茫茫黑夜，视精神与诗歌为黑夜中的火炬。而“和烈士和小丑走在同一道路上”，则是他饱经沧桑的无奈，以及自信满满的豪迈情怀。

第三部分　典型习题详解

一、选择题

下列作品不属于海子的是(　　)。

A.《祖国(或以梦为马)》　　B.《九月》

C.《我是一个任性的孩子》　　D.《面朝大海，春暖花开》

【答案】C

二、填空题

1. 诗歌《祖国(或以梦为马)》的作者是________。

2. 海子的原名是_______，他的短诗集有________、________。(任选两部)

【答案】1. 海子　2. 查海生　《黑夜的献诗》《面朝大海，春暖花开》

三、名词解释

后朦胧诗

答:后朦胧诗是指继朦胧诗之后走上诗坛的、具有更新的诗歌观念和审美追求的新一代诗人群体的诗歌创作。后朦胧诗有着多元共生的复杂性,其内部有众多派别。例如,主张摆脱历史表象的束缚,注重对历史文化崇高意义的消解的"新传统主义";主张通过回到"前文化"状态,从而达到挣脱文化羁绊目的的"非非主义";以海子为代表的抒情诗写作。后朦胧诗具有反理性、反崇高、反英雄倾向;倡导小人物,平民意识;重视流派与理论建设;用口语化的语言拓展了当代新诗发展的空间。后朦胧诗被看作中国当代诗歌的分水岭,代表作家有于坚、韩东、杨黎、周伦佑、李亚伟、翟永明、柏桦、海子、骆一禾、肖开愚、陈东东、欧阳江河、西川等。

四、简答题

怎样评价海子诗歌的思想价值。

答:海子是中国20世纪新文学史中一位全力冲击文学与生命极限的诗人,他用自己的创作回答了"诗人何为"。其诗歌思想具有重大价值,主要包括以下两个方面:

(1)民间理想的追求。

民间理想主义是一种新的创作立场,海子是其中的杰出代表。他从非权力形态也非知识分子精英文化形态的文化视界和空间出发,从"共名"的宏大叙事模式中游离出来,深深地立足于民间社会生活。海子的诗歌常常与老百姓在日常生活中所表现出来的乐观主义和对苦难的深刻理解联系在一起,他从中确认理想的存在方式和价值取向。例如,在他的关于麦子的诗歌创作里,麦地成了诗人的"乌托邦"。《五月的麦地》和《麦地与诗人》中的麦地并不是完美的天堂,而是痛苦的圣地,但这正是诗人寄寓理想之所在。海子正处于诗歌领域充满喧嚣与躁动的时刻,当时的诗坛充满反叛——反叛崇高人格,反叛英雄神话,反叛一切与传统有关的文化遗产,急功近利的创新和狭隘琐碎的题材反映出理想失落后的人性的脆弱,而海子则用来自民间的"麦地""草原""少女""月光""向日葵""鹰""马"等意象,在反叛中捍卫了自己的"精神家园"。这种对民间理想的深切呼唤，是海子思想的突出价值。

(2)生命意识的超越。

海子从生命元素和主体意志出发，对现代主义与后现代主义所体现的形式文明进行清算和扬弃。例如，在《面朝大海，春暖花开》一诗中，诗人要给每一条河每一座山取个“温暖的名字”，显示了一种“走近”的姿态。在海子看来，由于现代文明的畸形，人们无论是在他们所处的时代还是在他们关乎历史的记忆的情境中，都日益丧失了对生命作为一种奇迹的感受能力。所以，他认为自己有责任通过诗歌来帮助人们恢复对生命的感受力。海子的诗歌以独特的视角与细腻的笔触反映苦难与幸福、生存和死亡等关乎生命的命题，真正地体现了诗歌的内在价值和属性。

总之，海子在他短暂的诗歌创作生涯中响亮地喊出了民间的理想主义，他的诗歌思想与人类存在、苦难、生命、死亡等终极价值的探寻相连，因而在思想领域、诗歌创作领域、现实生活中都具有独特的价值。

第十七章　贾平凹

第一部分　考点归纳

一、作者简介

贾平凹,当代著名作家,以乡土小说创作为主,也写有大量散文,第七届茅盾文学奖获得者。他是一位富有地域文化特色、具有传统文人趣味的作家,被公认为"陕军作家"的代表。

二、主要作品

长篇小说《浮躁》《秦腔》《废都》,中篇小说《腊月·正月》,短篇小说《满月儿》等。

三、文学影响

贾平凹以陕西的自然和人文景观为作品底色,刻画了陕西传统农村社会在大的历史变迁中发生的社会秩序、价值观和人生方式上的变化,其作品中也包含了一些与当地民俗相关的神秘现象。

第二部分　课后习题详解

1. 感受和体味《秦腔》独特的语言特色,试加分析。

答:《秦腔》中有大量乡土色彩浓郁的语言,凸显了土语方言的特色,展现了语言的音韵美。

首先,小说中运用了大量叠词、拟声词以及长短句、对偶句等,体现了语言的音韵美。叠词的使用使得语言表达效果更加显著，更具有节奏感。譬如，《秦腔》中有这样一段描写："白雪端端往戏楼走，三踅收了拳脚，骂骂咧咧回去了。哑巴仍扶着梯子，哇哇地叫。花坛上种着月季，花红艳艳的。院子里噼噼啪啪响过鞭炮，夏天智端着白铜水烟袋走来，两人叽叽咕咕了一阵。"本段使用了很多叠词，"骂骂咧咧"表现了人物的性格特征，"红艳艳""噼噼啪啪"等叠词展现了场景的真实性，让人物形象更加鲜活，表达效果更加出色。

其次，贾平凹《秦腔》的句式搭配具有节奏感。如这样一段描写："夏风不知所措。婶婶说：'寻石头，寻两块石头！'夏风寻了两块石头，将脐带放在一个石头上，用另一个石头砸，砸了一下，软软的，没有砸断，再砸一下，滑，还是没断。婶婶说：'真笨，用力砸么！'"语言干练简洁，用短句刻画的夏风和婶婶将新生孩脐带砸断的情景，生动形象。

2. 我们在高中语文课中学过贾平凹的散文《秦腔》，现在又读他的小说《秦腔》。结合这两篇作品的阅读感受，想一想，作者对秦腔这样的传统民间艺术的流失，持怎样的态度？两篇同名散文和小说的表现有哪些异同？

答：贾平凹早期散文的风格偏于阴柔抒情，但《秦腔》是个例外，他在此将文字风格与秦腔的火爆高亢、猛烈粗粝融为一体，几乎是用吼秦腔的方式写秦腔。这篇散文表面上是写陕西的天地水土所孕育的地方戏曲秦腔，实际的表现重心则是与秦腔的产生、流行相关的秦地山川地貌、风情民俗以及秦人生存状态、精神面貌。作品写秦腔，是为"表现富于文化积淀的民族生存状态"，呈现"一个充满生气活力的、完整的自然和人文景观"和"一个单纯清澈而又丰厚充实的世界"。

而贾平凹的长篇小说《秦腔》则主要以一个普通农民的视角呈现农村发生的变化。这种变化揭示了中国当代乡村变迁的历史趋势以及转变过程中农村与农民的阵痛。现代农村取代传统农村是现代中国发展的必然趋势，传统农村的优美、宁静与诗意随之消失。在此意义上，小说为乡村中国留下了永恒的记忆，也为现代中国保留了永恒的乡愁。

小说以"秦腔"为题，揭示了传统戏曲秦腔所代表的秦地精神文化面临的危机。秦腔是三秦人民的精神寄托，构筑了他们的精神家园，是他们的乡愁所在。然而，随着时代发展，秦腔的受众越来越少，日渐式微。在小说中，最能理解秦腔精髓的夏天智因病而亡,懂秦腔的引生是个疯子,老一代秦腔艺人王老师人老年高、令人唏嘘,而新一代秦腔艺人白雪虽才貌双全、艺术精湛,想把秦腔艺术发扬光大,无奈生不逢时、壮志难酬。

贾平凹对秦腔这一传统艺术的消失怀有复杂的情感,他既坚持现实主义立场,描写秦腔必然消失的悲剧命运,又对其消亡的命运怀有深深的同情与遗憾。总之,对于秦腔这一熔铸了陕西人生命体验和深挚感情的传统民间艺术的流失,贾平凹必然是痛惜的。他不厌其烦地先后用散文、小说的形式去书写印象中的秦腔、秦地和秦人,构成了一个苍凉的挽回的手势。

第三部分 典型习题详解

一、选择题

1. 贾平凹的《鸡窝洼人家》属于(　　)的作品。

A. 寻根文学　　B. 先锋派文学　　C. 反思文学　　D. 改革文学

2. 荣获第七届茅盾文学奖的长篇小说《秦腔》是(　　)的作品。

A. 余华　　B. 苏童　　C. 贾平凹　　D. 莫言

【答案】1. D　2. C

二、填空题

1. 20 世纪 90 年代贾平凹创作的长篇小说________最具影响,也最有争议。

2. 小说《浮躁》《商州》《秦腔》的作者是________。

【答案】1.《废都》　2. 贾平凹

三、名词解释

《废都》

答:《废都》是贾平凹创作的一部深刻反映社会现实、揭露社会问题的小说。贾平凹在《废都》中写出了一部社会风俗史,以主人公庄之蝶为中心巧妙地组织人物关系。围绕着庄之蝶的四位女性——牛月清、唐宛儿、柳月、阿灿是小说中着墨最多的。她们分别是有不同经历、不同层次的女性，每个人的际遇、心理都展示着社会文化的一个侧面。小说采用了中国古典的草蛇灰线手法，而且融入了西方的意识流和精神气质，中西合璧。《废都》也创造了一种新的语言，这在文学史上是不可多得的。

第十八章 莫 言

第一部分 考点归纳

一、作者简介

莫言,原名管谟业,中国当代著名作家。1985 年发表短篇小说《透明的红萝卜》,开始引起文坛注意;1986 年发表中篇小说《红高粱》,反响强烈,据其改编的同名电影获第 38 届柏林国际电影节金熊奖。莫言因其早期乡土作品充满着"怀乡"以及"怨乡"的复杂情感,被归类为"寻根文学"作家。2011 年 8 月,以长篇小说《蛙》获第八届茅盾文学奖;2012 年 10 月 11 日,以《红高粱家族》《丰乳肥臀》《酒国》《生死疲劳》等作品获得诺贝尔文学奖。

二、主要作品

长篇小说《红高粱家族》《酒国》《天堂蒜薹之歌》《檀香刑》《四十一炮》《生死疲劳》《蛙》,中篇小说《透明的红萝卜》《爆炸》《金发婴儿》《怀抱鲜花的女人》《欢乐》《牛》《三十年前的一场长跑比赛》,短篇小说《枯河》《秋水》《白狗秋千架》《冰雪美人》等。

三、文学影响

莫言的写作思维新颖独特,能够将古老文明的深厚积淀与现代性文学手法结合起来。他的创作深受拉美魔幻现实主义影响,构造出意象丰富的主观感觉世界,天马行空的叙述、激情奔放的文字,带有较强的"先锋"色彩。他笔下的

“高密东北乡”，是一个现实而又神秘的文学“小世界”。阅读莫言作品时，尤其要注意他作品中的主观意象与现实世界的关系，才能理解看似轻飘神秘，实则扎根深远的文字内蕴。

第二部分 课后习题详解

1.“透明的红萝卜”在小说中象征着什么？

答：小说中“晶莹透明、金色的外壳包孕着活泼的银色汁液的红萝卜”，是黑孩奇特感觉的创造物，使黑孩显得更加充满灵性，但更主要的是，它作为一个意蕴丰富的象征物，体现了黑孩在不幸的生活中对纯洁、幸福或者另一种世界的憧憬。在第一次看到那个“透明的红萝卜”之后十几天，黑孩还到菜地里去寻找，但他最终没有找到，“透明的红萝卜”成了黑孩的一种追求，一种内心对于美好事物的欲望，引导他走向生活，转移痛苦。在小说中多次出现的红萝卜的意象，一方面象征着人最基本的生理欲求，即渴望不再饱受饥饿、贫穷带来的痛苦；另一方面也象征着底层劳动人民对美好幸福生活的希望。

2.阅读全文，试着分析小说中几类典型人物的特征。

答：小说的主要角色有黑孩、小石匠、小铁匠、菊子等人物，他们都没有自己的名字，代表了那个时代的一类人。

黑孩是小说的主人公，是个孤儿，从小缺乏父亲的教导且总是受到继母的虐待，小腿上布满了闪亮的小疤点。他才十岁左右，相比同龄的小孩又矮又小，他的头很大，脖子细长。黑孩老实木讷，很少说话，受尽欺辱，惯于默默忍受。他过早地背上了生活的重负，和大人一样参加劳动挣工分，还要承受某些人的羞辱和痛打。“在滴水成冰的严寒天气里，只穿一条短裤，光着脊背，赤着双脚；他能够将烧红的钢铁攥在手里而不叫一声；他能够对自己身上的伤口熟视无睹。”黑孩拙于人事，对于生活中的苦难始终没有反抗，他以巨大的毅力承受着小铁匠的奴役、打骂，惯于默默地忍受，这铸就了他冷漠、坚韧的性格。黑孩有超常的感觉能力和幻想能力，他能看到别人看不到的奇异而美丽的事物。正因如此，他能看见“透明的红萝卜”，他能听到空气的歌唱、动物的鸣叫，看到各种动物、植物以及环境中其他物体的形形色色的神态，感受大自然给他的美好的情境。他饱受苦难还想要追寻自由和满足。

小铁匠处于社会底层,却喜欢欺压和指使黑孩做事,他愚昧落后,满嘴脏话,是一个不文明并且愚昧落后的形象。小铁匠经常暴躁地对待黑孩,让他捡高温的铁、随意辱骂和奴役他。小铁匠嫉妒心强,看不得自己暗恋的菊子和小石匠好。在与小石匠的争斗中,致使菊子姑娘受伤,瞎掉了一只眼。小铁匠看似凶蛮却也有善良的一面,会把自己未上身的新衣服送给黑孩。

小石匠长得很潇洒,眉毛黑黑的,牙齿是白的,但是“有点口吃”。他富有同情心,同情和关注黑孩的遭遇,体现了质朴美好的品质。小石匠对黑孩偷食物发出的质疑也体现了他的道德之心。

菊子是一位美丽、善良、纯朴的姑娘,富有同情心。她关照和疼爱黑孩,在工地上帮助过黑孩,是第一个让黑孩感到温暖的人。

第三部分　典型习题详解

一、选择题

1. 下列不属于莫言作品的是(　　)。

A.《生死疲劳》　B.《丰乳肥臀》　C.《平凡的世界》　D.《红高粱家族》

2. 小说《檀香刑》的作者是(　　)。

A. 莫言　B. 张玮　C. 铁凝　D. 张抗抗

3. 中国作家莫言获得2012年诺贝尔文学奖,下列影片中不是根据他的小说改编的是(　　)。

A.《太阳有耳》　B.《白棉花》　C.《周渔的火车》　D.《暖》

4. 小说《丰乳肥臀》的作者是(　　)。

A. 莫言　B. 张玮　C. 铁凝　D. 张抗抗

【答案】1. C　2. A　3. C　4. A

二、填空题

1. 中国第一个获得诺贝尔文学奖的是________,他成名作品是________。

2. 莫言在瑞典诺贝尔颁奖典礼上发表的演讲主题是________。

3. 莫言的代表作品有________、________。

4.《蛙》的作者是________。

5.电影《暖》是根据________的小说________改编的。

6.小说《蛙》中，姑姑的名字叫________。

7.《透明的红萝卜》的作者是________。

【答案】1.莫言 《红高粱》 2.《讲故事的人》 3.《丰乳肥臀》 《生死疲劳》 4.莫言 5.莫言 《白狗秋千架》 6.万心 7.莫言

三、名词解释

1.《红高粱》

答：《红高粱》是莫言颇具艺术成就的一部小说，作品大胆地写了一个土匪抗日的故事。土匪司令余占鳌既没有阶级觉悟，也没有政治觉悟，但作为中华民族的一员，却具有直觉的抗暴本能和民族爱国意识。奶奶戴凤莲是一个有自我、有追求的女人，她蔑视人间的说道，注重人的力量和自由。小说极力展现这些草莽英雄们的无畏气概与洒脱人生，意在说明我们中华民族并不缺少立于世界民族之林的雄壮精神与阳刚之气。作者把历史意识植入民族历史的基础层次——民间，从民间文化视角切入历史，向人们展示了民间历史与生存场景。作品具有强烈的现代意识，从而把历史的记忆与今天的现实生活结合起来，表达了对日渐消退的民族生命活力的忧虑，以及重新激活这些民族生命的渴望。

2.《透明的红萝卜》

答：《透明的红萝卜》是当代著名作家莫言的中篇小说。小说描写了一个发生在"文革"期间某水利工地上的故事，主人公黑孩幼年失母，心灵深处有着难以愈合的伤痕，而现实生活对于一个体质瘦弱的小男孩来说又是极其严酷的。他所承受的精神和身体的重压，完全可以压垮一个身强力壮的成年人，但黑孩却坚持下来了，因为黑孩的内心有一个美丽的梦幻世界，这使得他超脱于恐惧、忧虑以及肉体的痛苦。这篇小说视角独特、艺术手法新颖，以潜意识表达对历史的反思，发表后在当时引起了文坛极大的轰动。

四、简答题

1.结合创作实际,谈谈莫言小说的成就。

答:(1)从数量上看,莫言创作了大量的小说作品。

莫言从20世纪80年代初开始发表作品。1985年的《透明的红萝卜》,由于感觉、想象力的丰富而受到读者和评论界的关注。次年,中篇小说《红高粱》的发表,产生很大反响。随后,他又写了与《红高粱》在故事背景、人物等有连续关系的几个中篇,它们后来结集为《红高粱家族》。故乡高密是莫言很长时间里文学想象的源泉,他的作品故事大多以对故乡的记忆为背景展开。《红高粱》系列和《球状闪电》《爆炸》《红蝗》,以及发表于1995年的长篇小说《丰乳肥臀》,展开了中国现当代文学此前少见的乡村天地:狂躁、混杂,充满酒气和血色,有骁勇血性的人物和无所拘束的激情。莫言表现出惊人的创作生命和旺盛的创作激情,创作小说数量众多,极大地丰富了当代中国文坛,也为世界文坛贡献出大量的优秀文学作品。

(2)从质量上看,莫言小说具有极高的文学艺术成就。

莫言是当代最有代表性,也最具有影响力的作家之一。他在21世纪连续发表了两部长篇小说,一部《生死疲劳》曾经荣获香港浸会大学颁发的第二届“红楼梦”文学奖·世界华文长篇小说大奖;另一部《蛙》曾经获得中国茅盾文学奖。而莫言小说获得诺贝尔文学奖是对其个人文学成就在世界范围内的极大肯定。在重振雄风的新世纪中国文学行列里,以莫言为代表的中国当代作家们作出了重要贡献,他们人到中年,经过三十年多年的历练,最终形成了丰富的表达自我的成熟风格,而他们的美学追求,也构成了一个时代的文学风格。

(3)从风格上看,莫言小说对魔幻现实主义手法的运用达到了炉火纯青的境界。

在早期,莫言显然也要如福克纳那样,通过文字构造一个能不断叙述的“高密东北乡”。他笔下的图景,来源于童年的记忆,来源于在那片土地上的见闻,更来源于他丰沛、灵动、怪异的感觉、想象。莫言的部分作品也写到“当代”生活,但更多时候是将笔伸向“历史”。莫言的《蛙》通过讲述一位乡村女医生的人生经历,既反映了乡土中国六十年的生育史,也揭示了当代中国知识分子灵魂深处的尴尬与矛盾。

2.结合具体作品谈谈莫言的创作历程。

答:莫言曾将自己的创作分为四个阶段:

(1)第一阶段的代表作为《售棉大路》《民间音乐》,这是莫言小说创作的"描红阶段";

(2)第二阶段的代表作为《透明的红萝卜》《爆炸》;

(3)第三阶段的代表作是《红高粱》;

(4)第四阶段从《红蝗》和《欢乐》开始,作品包括《天堂蒜薹之歌》《十三步》《酒国》《丰臀肥乳》《檀香刑》等。

莫言主要是从小说形态和读者反映角度来划分自己的创作历程的。莫言的创作历经二十多年,各个阶段的作品呈现出来的特色也不尽相同。但总的来说,莫言小说的主要内容、形象的塑造、语言的运用以及叙事方式和特点还是极具个性的,呈现出其自身的风格特色。

下 编

基本知识

第十九章 “五四”新文化运动和文学革命

第一部分 考点归纳

1917年初发生的文学革命，在中国文学史上树起一座鲜明的界碑，标志着古典文学的结束和现代文学的起始。1917年1月，胡适在《新青年》上发表了《文学改良刍议》，呼吁语体革新，废文言而倡白话。1918年12月，周作人发表《人的文学》，提出以人道主义为文学之本，借鉴外国文学思潮，将文学革命内容具体化。

文学革命的倡导者与新文学的第一代作家运用西方的各种文学样式和创作手法，倾吐自己内心的苦闷和愿望，表现“五四”时代叛逆、自由、创造的精神。这些有着不同创作倾向的作家群，又各自聚集为文学社团。其中，文学研究会和创造社最有代表性，它们成立得最早，影响和贡献最大。文学革命是我国历史上前所未有的一次伟大而彻底的文学革新运动，它所带来的是文学观念、内容形式各方面全方位的大革新、大解放，把中国文学推到一个崭新的阶段。

第二部分 典型习题详解

一、填空题

1.《文学改良刍议》的作者是________。

2.胡适在________杂志上发表白话新诗标志着白话新诗的兴起。

3.中国现代文学史中第一部诗集是________。

【答案】1. 胡适　2.《新青年》　3.《尝试集》

二、名词解释

人的文学

答:人的文学是"五四"时期出现的一种文学主张。1918 年 12 月周作人发表《人的文学》,对当时的文学革命影响很大。周作人从个性解放的要求出发,充分肯定人道主义,强调一种"利己而利他,利他即是利己"的"理想生活",提出以"人道主义为本,对于人生诸问题,加以记录研究的文字,便谓之人的文学",认为新文学即人的文学,它应充分表现"灵肉一致"的人性。这深深影响了"五四"时期表现个性解放主题的创作,人的文学成为"五四"时期文学的一个中心概念。它紧紧把握了"五四"时期"人的发现"的根本主题,表现出强烈的反封建的战斗色彩;揭示了新文学与现实人生的密切关系,在中国文学史上第一次明确地把人作为文学表现的中心,这对新文学的理论建设和创作实践都产生了重大的影响;确立了文学革命的方向,使个性解放、人道主义成为"五四"时期文学创作的一个最有代表性的特色。

三、简答题

简述文学革命的历史意义。

答:文学革命是我国历史上前所未有的一次伟大而彻底的文学革新运动,它所带来的是文学观念、内容形式各方面全方位的大革新、大解放。

在文学观念上,将"文以载道"、游戏消遣等种种传统的文学思想作为封建制度及其思想体系的产物加以否定,表现人生、反映时代的积极的文学思想,成为一般新文学作者的共同倾向。

在文学内容上体现着现代民主主义、人道主义思想,充溢着觉醒的时代精神。

在语言和形式上,摒除了文言文和僵化的传统文学格式,用白话写作,广泛吸收运用外国多样化的文学样式、手法,促使文学语言和形式更加适于表现现代生活,接近人民大众,创造了既与世界文学发展相联结,又具有民族特色的崭新的现代文学语言与文学形式,从而把中国文学推到一个崭新的阶段。

第二十章　初期新文学社团和流派

第一部分　考点归纳

“五四”新文化运动期间，文学理念相近的作家聚集成文学社团，举行文学活动，创办文艺刊物。在众多新文学社团中，文学研究会和创造社影响最大，也最具有代表性。

除了文学研究会和创造社之外，“五四”时期的文学社团还有新月社、语丝社、未名社、莽原社、浅草—沉钟社、南国社、弥洒社、湖畔诗社等。这些文学社团的创作大多具有鲜明的流派特点，推动了现实主义、浪漫主义、现代主义等不同文学风格的形成和传播，对现代文学的发展产生了深远而持久的影响。

第二部分　典型习题详解

一、选择题

关于文学研究会和创造社，下列说法不正确的是（　　）。

A. 20 世纪 30 年代，众多新文学社团涌现，其中影响最大的是文学研究会和创造社

B. 两大文学社团名家汇聚，其中文学研究会成员主要有周作人、郑振铎、沈雁冰等；创造社成员主要有郭沫若、郁达夫、田汉等

C. 与文学研究会和创造社同时期的文学社团还有新月社、语丝社、莽原社

等,各社团创作大多具有鲜明的流派特点,推动了现代文学的发展

D. 文学研究会的宗旨是"研究介绍世界文学,整理中国旧文学,创造新文学",主张文学反映现实,批判社会;创造社主张"为艺术而艺术",讲求文学的"全"和"美",带有浓厚的浪漫主义色彩

【解析】它们都是1921年成立的。

【答案】A

二、名词解释

1. 文学研究会

答:文学研究会于1921年1月在北京成立,发起人有周作人、郑振铎、沈雁冰、王统照、许地山、叶绍钧、孙伏园等12人,后来发展成员达170多人。文学研究会的宗旨是"研究介绍世界文学,整理中国旧文学,创造新文学"。针对当时风行的"礼拜六派"将文学当作消遣和游戏的观念,文学研究会提出"文学应当反映社会的现象,表现并且讨论人生的一般问题",倡导"为人生"的写实主义,关注现实生活,批判社会黑暗。文学研究会以经过革新的《小说月报》为会刊,发表了大量的现实主义作品,引领了新文学的创作潮流,产生了较大的影响。

2. 创造社

答:创造社于1921年6月在日本东京成立,最初的成员有郭沫若、郁达夫、成仿吾、张资平、田汉、穆木天等人,他们先后创办了《创造》季刊、《创造周报》、《创造日》、《洪水》等刊物。创造社倾向于欧洲浪漫主义文学思潮,主张"为艺术而艺术",认为文学要忠实于作者"内心的要求",讲求文学的"全"和"美",推崇文学创作中的直觉与灵感,强调文学的审美功能。创造社成员的代表作品,如郁达夫的小说、郭沫若的诗歌、田汉的戏剧,大多侧重于自我表现,以直抒胸臆的抒情为主要手法,带有浓厚的浪漫主义色彩。

3. 浅草—沉钟社

答:浅草—沉钟社是活跃于20世纪20—30年代的一个重要的文学社团。浅草社成立于1922年,主要成员有林如稷、陈炜谟、陈翔鹤、冯至等。其骨干成员又于1929年秋组成沉钟社。成员们以自我为立足点,强调人的尊严、自主

性、隐私和自我发展，并且从维护自我的个性出发，积极鼓吹敢爱敢恨的真性情和敢于坚持的意志力，表现出了坚持个性主义思想的彻底性。在创作方面，冯至的诗歌，林如稷、陈炜谟、陈翔鹤的小说均多抒写知识青年苦闷的生活和忧郁的情感，富于感伤色彩。

第二十一章　初期的新文学创作

第一部分　考点归纳

受到“五四”新文化运动的影响,这一时期的文学创作呈现出非常独特的品格。新旧思想的融汇和交锋,使得“五四”时期的文学创作形成了既不同于传统文学又区别于现代文学其他时期的特质与取向,主要表现在:

其一,具有强烈的理性精神和批判色彩;

其二,具有感伤和沉郁的情感基调;

其三,具有鲜明的个性色彩。

从整体上而言,“五四”时期的创作处在新文学的初期阶段,还有不足之处。但“五四”新文化运动倡导的民主和科学思想借助于新文学得到了发扬,“人的文学”和“平民文学”等新的文学观念得以确立,为此后现当代文学的发展开辟了一条崭新的道路。

第二部分　典型习题详解

一、填空题

1. 1899 年,________在________一文中,发出了“诗界革命”和“文界革命”的号召。

2.《文学革命论》的作者是________。

3. 1918 年 4 月,胡适在《建设的文学革命论》中,提出以________来概括文学革命的宗旨。

4. 1918，钱玄同和________的“双簧信”正式拉开了新文学和封建复古派斗争的序幕。

【答案】1. 梁启超　《夏威夷游记》　2. 陈独秀　3. 国语的文学，文学的国语　4. 刘半农

二、名词解释

《新青年》

答：《新青年》是 1915 年 9 月 15 日在上海创办的一份综合性文化月刊。它在“五四”运动期间起到十分重要的作用，是新文化运动兴起的标志，也是中国现代文学史上最重要的刊物之一。《新青年》在早期主要宣传民主与科学，提倡新文学反对旧文学，提倡白话文反对文言文。后受到 1917 年俄国十月革命的影响，《新青年》开始宣传马克思主义以及马克思主义哲学。《新青年》坚持“世界的而非锁国的”的原则，对于外国文学的各种流派和作家采取了开放的态度，它先后译介了国外许多著名作家的作品。为了保卫和推进文学革命，《新青年》还进行了反对封建复古派文人及其他封建文学潮流的斗争。

三、简答题

举例说明“五四”时期的文学如何具有强烈的理性精神和批判色彩。

答：近现代文学的发生和发展与救亡图存的忧患意识紧密相关，新文化运动的先驱者将文学视为开启民智、改造社会的重要手段。因此，这一时期的文学创作大都关注现实人生，探索社会生活问题，重新审视传统思想和文化，倡导个性解放、婚姻自由、家庭革命等新思想与新道德。

鲁迅的《呐喊》《彷徨》两部小说集中的作品，深刻揭示了社会的种种弊端和国民思想的劣根性，“意思是在揭出病苦，引起疗救的注意”。在 1921 年的“问题小说”热中，作家们试图用小说提出问题，并探索解决问题的答案。之后出现的乡土小说创作潮流则将关注重心转向了乡土和民间，“将乡间的生死、泥土的气息，移到纸上”，加强了新文学与中国社会现实的联系。此外，如冰心和宗白华等人的“小诗”、鲁迅的散文诗集《野草》、《新青年》“随感录”作家群的杂文，都表现出鲜明的问题意识和哲理色彩。

第二十二章 左翼文学

第一部分 考点归纳

左翼文学是20世纪30年代出现的具有无产阶级革命倾向的文学潮流。

1930年3月2日,中国左翼作家联盟(简称"左联")成立,并在此基础上先后成立了包括戏剧、电影、美术、音乐等方面的隶属于"左联"的多个文艺团体。"左联"在理论和创作上引导左翼文学表现反帝反殖民主义侵略、农村农民生活、革命和城市题材的写作,涌现出东北作家群的反帝抗日题材、叶紫和吴组缃等人的左翼农村题材、沙汀和艾芜及周文的四川西南和川康农村边塞与旧军队题材、张天翼的市民题材,以及蒋牧良的矿工题材和其他作家的旧军队与军旅题材、茅盾的都市和农村题材等大批作品,还有戏剧、话剧、电影与诗歌,显示了左翼文学的巨大实绩。

以"左联"为标志的左翼文学阵营还在翻译介绍马克思主义文艺理论、推广文艺大众化运动、培养造就大批文学新人、进行积极的文艺批评、翻译介绍外国文学、进行反文化围剿、向世界介绍中国无产阶级革命文学和与世界革命文学组织及团体建立联系等方面,都取得了突出的成就。在尚未掌握国家政治与军事权力且面临白色恐怖的时代,中国共产党却通过"左联"和左翼文学实际掌握了文化领导权,创造了世界革命文学史上的一个奇迹。

第二部分 典型习题详解

一、名词解释

1.社会剖析小说

答:社会剖析小说又称"社会剖析派小说",主要作家有沙汀、艾芜、吴组缃等左翼作家。其中的代表人物是茅盾，他最著名的作品是《子夜》。社会剖析小说的特点是：表现时代斗争的重大题材，在创作一开始就运用一定的社会科学思想对社会生活进行理性分析，以开拓形象思维的深度和广度，在典型环境中塑造典型性格，尤其是塑造时代性格。这种小说模式逐渐成为左翼文学公认的主流，因而影响深远。

2.“革命加恋爱”模式

答：“革命加恋爱”模式是指初期左翼文学创作的一种文学模式。代表作品有洪灵菲的《流亡》、蒋光慈的《冲出云围的月亮》等。这些作品反映国民革命前后小资产阶级知识青年的命运遭际和革命失败后曾经参加革命的知识革命者的苦闷与挣扎突围，寻找出路，或者反映大革命前后农村和农民革命。受蒋光慈思想和文学的影响，一些激进的或具有左翼倾向的青年作家如丁玲、胡也频等人，也纷纷写作反映在革命和历史转折关头，革命青年在革命与爱情之间的人生困惑和道路抉择，被文学史称为“革命加恋爱”小说，被茅盾等人称为“光慈式的陷阱”，也受到鲁迅的讥讽和批评。

二、论述题

论述左翼文学的历史贡献和当代意义。

答：(1)左翼文学的历史贡献

20世纪30年代的左翼文学运动是“五四”以来的新文学运动的延续和发展，其历史贡献为：

①左翼文学确立了马克思主义文艺理论为其文学运动的宗旨，指导各项文学的工作。左翼文学自觉地以马克思主义基本原理为指导，积极进行文学的批评与实践，探讨文艺大众化的问题，并着重讨论了文艺大众化的意义、大众文学的形式问题，也涉及内容、语言向群众学习的问题。

②左翼文学注重文学创作实绩，积极培养文学新人，扩大革命文艺队伍，坚持革命现实主义创作道路。新文学第二代作家的大部分，是在左翼文学运动的影响、培育下产生的。像萧红、艾芜、沙汀等一批青年作家的创作完善了左翼文学的整体机制，对其倡导的革命现实主义创作方法带来的浓重的政治意味予以调节。

③在中国现代文学历史进程中，左翼文学创作反映了文学自身的探索和追

求,而左翼作家通过他们探索形成的多样化的创作个性,生动而真实地凸显了文学史进程的丰富性。

(2)左翼文学在当代的意义

①左翼文学以骨肉相亲的姿态关注底层人民和他们的悲欢,以批判的精神来观察这个社会的现实和不平等,以鲜明的阶级立场呼唤关于社会公平和正义的理想。

②20 世纪 80 年代以来,左翼文学一直处于被压抑、被冷落的状态,这其中有各种复杂的社会因素影响,也和左翼文学自身的僵化和活力丧失有关。

③进入 21 世纪,经济的快速发展带来巨大的财富,也造成贫富分化日益加剧。这引起了作家的关注,出现了一批描写底层民众苦难生活的作品,它们继承并发展了左翼文学传统。

由此可见,经过半个多世纪的发展,左翼精神已经渗透到人们的意识深处,成为集体意识,并且深刻地影响中国的现实。

第二十三章　京派与海派

第一部分　考点归纳

京派与海派指 20 世纪 30 年代出现的两种文学流派。

京派文学的作家多善于书写乡土文学题材，创作内容并不局限于北京，也包括对乡土生活的描写。代表性作家作品有沈从文及其《边城》《湘西》、冯文炳及其《竹林的故事》《桃园》、凌淑华及其《花之寺》《女人》、萧乾及其《篱下集》《栗子》等。京派作家大多为高等学校的师生，具有隐逸气息，较少追求功利性，多倾向于思想独立。

海派文学的书写内容以 20 世纪 30 年代的上海为中心，展现现代都市文明生活图景，揭示都市"文明病"。代表性作家作品有施蛰存及其《将军底头》《梅雨之夕》、穆时英及其《南北极》《公墓》、刘呐鸥及其《都市风景线》等。海派作家深受西方心理分析哲学和日本新感觉派小说的影响，多利用精神分析的理论和幻觉、变形、错觉等现代派手法展现现代都市人的躁动迷惘心态，内容多为现代大工业城市中的畸形文明造成的病态人生。

第二部分　典型习题详解

一、名词解释

《都市风景线》

答：《都市风景线》是我国第一本较多采用现代派手法进行创作的短篇小说集，由刘呐鸥创作，属于新感觉派小说集。《都市风景线》将 20 世纪 30 年代上海刚形成的现代生活和男女社交场景尽情容纳,作者以其对都市生活的敏感,描绘了都市的赛马场、夜总会、影院、茶馆、富家别墅、海滨浴场等场景,也刻画了舞女、少爷、小姐、交际花、资本家、小职员等各式各样的人物,并以急骤的节奏,跳荡的结构,活灵活现地展现剥削阶级糜烂生活的剪影。《残留》《风景》为小说集的代表,多用意识流,重视感觉体验。

二、简答题

简述20世纪30年代京派小说的艺术特征。

答:20世纪30年代京派小说的艺术特征主要有:

(1)追求一种执着而独特的"理性主义"文化品格。京派作家一方面企图远离政治,另一方面又充分继承了文学研究会的"为人生"的倾向,忠实于现实与人生,他们在现代文化、文明和封建传统文化相对立的流行格局中,熔铸一种具有浓厚的原始风貌与自然气质的乡村文化形态,形成一个复杂的文化三维空间。如沈从文的《巧秀和冬生》《八骏图》《绅士的太太》、凌淑华的《弟弟》等,便表现出对封建文明的嫌恶和对现代文明异化人性的疑惧。在这种三维文化思索的艺术创造中,作家们既有"追寻过去"的从容通达,又掩饰不住文化批判的焦灼锋芒和对未来人生形式的美好理想。

(2)平民性的文化品格。京派作家钟情于普通的人生命运与人生形式,从中品味人生的意义,渗透自己的主观体验,挖掘生活内在的诗意哲理。他们塑造了一大批平民形象,像憨厚刚直的小贩,放达乐观的水手以及渔夫、挑夫、人力车夫等。

(3)开放的民族性。京派创作不仅题材人物、文学语言、文化环境等深深地植根于民族生活与民族语言的土壤,更重要的是其文化精神富有与众不同的中国气派。京派小说所着重挖掘的重利轻义、笃厚诚实等平民传统精神,被置于民族性格和民族文化"重造"的历史课题中,不仅强化了文学创作的民族性,也推进了文学现代化的探索。

京派小说大多倾向于对"乡土中国"和"平民现实"的描写。不管是沈从文的湘西、废名的山水人情、萧乾的京城内外的平民,还是师陀的果园城,表现人性的美好、寄托对纯真的缅怀,始终是京派小说的共同倾向。

(4)在美学上追求一种"和谐"的审美理想。这种美学意识表现在文学创作方法和文体建构上，便是将艺术与生命并重，生命形态不愿受束缚，小说便自然要摆脱重情节、重故事的成规，趋向散文化、生活化，从而描绘出完整的社会生活自然状态。京派小说有时有人物无故事，有时候甚至连人物也没有，近似随笔或是散文，信笔写来，不事雕琢，表现出平淡、古朴、闲适、中和的风格。如林徽因的《九十九度中》只是将北平城里两个阶层的人生片段互相穿插，几乎不见故事线索。他们重视的是气氛的渲染，意境的营造，内涵的隽永和“人与自然的契合”。这种抒情体小说极大地丰富和发展了“五四”以来的各种小说体式，是京派文学的主要贡献之一。

第二十四章　20 世纪 30 年代的文学创作

第一部分　考点归纳

在文学创作的题材和表现角度方面,20 世纪 30 年代文学有了较大的拓展。丰富多元的题材空间、广阔的社会历史内容、具有深度的思想内涵以及个人化的审美风格,这些因素共同构成了 20 世纪 30 年代文学的整体特质,也标志着中国现代文学开始走向成熟。

第二部分　典型习题详解

论述题

结合具体作品,谈谈 20 世纪 30 年代的文学创作成就。

答:20 世纪 30 年代的中国文坛,因社会的大变动而形成了诸多文艺思潮并存、纷争的局面。这一时期的文学创作呈现出多元发展的趋向,形成了不同文学派别之间的对峙与互渗,使中国新文学出现了自“五四”以来的第二个文学高峰。

(1)小说创作成就

小说创作成就较高的有茅盾、老舍、巴金等。

①茅盾及其创作

茅盾的《子夜》是一部现实主义巨制,它以壮阔的背景、恢宏的气势、浩大的结构,展现了 20 世纪 30 年代中国的社会风貌。作品成功塑造了吴荪甫这个民族资产阶级的典型,真实地表现了主人公复杂的性格特点。这部作品是现代文学史上的一座高峰，也是中国现代长篇小说成熟的标志。茅盾的《春蚕》《林家铺子》也与《子夜》一样，紧扣时代脉搏，体现了作者对时事的关切和对社会生活的深刻体验。

②老舍及其创作

老舍的《骆驼祥子》《月牙儿》是他这一时期的现实主义杰作。作者以独特的构思、明快活泼的语言、朴实精炼的表现手法，塑造了鲜明的人物形象，表现了黑暗现实中小人物的悲惨命运。

③巴金及其创作

巴金的《家》是一个震撼人心的悲剧，也是对制造悲剧的垂死制度的控诉，作品燃烧着炽烈的激情，笔调细腻优美，充满青春活力，至今仍受读者喜爱。

④其他作家的创作

这一时期成就较高的小说家还有以刻画知识女性内心世界著称的丁玲、以描写湘西边城风土人情而独树一帜的沈从文、辛辣揭露和讽刺小市民灰色心态的张天翼及沙汀、善于从卑微灵魂中发掘真善美的艾芜等。

(2)诗歌创作成就

如果说1917年至1927年是新诗诞生并逐步成长的阶段，那么，20世纪30年代的诗坛则出现了诗社林立、流派纷纭、创作繁荣的局面。

①“普罗诗派”

以殷夫、蒋光慈为代表的“普罗诗派”，即无产阶级革命诗派，注意选取爆炸性、尖锐性题材，主张诗歌应直接为无产阶级的解放事业服务，但忽视了对优美动人的诗歌意象的锻造。

②“中国诗歌会”

1932年成立的“中国诗歌会”，主要成员有蒲风、穆木天、杨骚、任钧、王亚平等。其创作实践扩大了诗歌的表现领域，显示出强烈的理想主义与英雄主义色彩，别具一种刚健、粗犷、壮阔的力量之美。

③现代派诗歌

以戴望舒、卞之琳作品为代表的现代派诗歌，刻意追求诗意的朦胧美和诗形的散文美，扩展了诗歌的表现内容和表现形式。戴望舒是现代派诗人，其前期诗作意象朦胧，多表现个人的迷惘和感伤，后期受抗日战争的感召，所作诗歌多抒写炽热的爱国情感。

④艾青及其创作

这一时期卓有成就的诗人还有艾青。艾青执着于表现追求光明和民主的主题,诗歌充满忧郁与热烈交织跃动的情感,展示出丰富的、鲜明的意象。他的代表作《大堰河——我的保姆》发表后引起巨大轰动,诗中抒发了对一个贫苦农妇的赞美,并向不公道的世界发出了激愤而深沉的咒语。

⑤臧克家及其创作

诗歌创作具有明显现实主义特色的是臧克家,臧克家追求诗意的朴素含蓄,诗作形式凝练、节奏明快,增强诗所特有的审美意趣,抒写中国农村的苦难和诗人深沉的感情,或以隐喻的手法启发读者的思考。

⑥田间及其创作

诗人田间的创作也引人注目,他的长诗《中国农村的故事》和《给战斗者》,以高亢激昂的音调和炽热的情感显示出诗人富于现实性和战斗性的艺术特色。

(3)小品散文创作成就

20 世纪 30 年代的小品散文创作,除了继承“五四”散文风格的传统外,呈现出艺术表现手法及体裁形式多样化趋向。

①杂文创作出现了新高潮

鲁迅以战斗精神从事杂文创作,取得了丰硕成果。一批新的杂文作者不断涌现,影响较大的有瞿秋白、茅盾、唐弢、徐懋庸、聂绀弩、柯灵、巴人等。抒情散文较以前有了长足发展。

②其他作家的散文创作

冰心、朱自清、郁达夫、周作人、梁实秋、徐志摩、丰子恺、梁遇春、沈从文、何其芳、陆蠡、李广田、吴伯箫等人的作品,从不同角度,以不同的表现形式拓宽了散文创作的取材范围,丰富了现代散文的表现形式和风格。

③幽默小品与闲适小品

以林语堂的作品为代表的幽默小品与闲适小品,文化含量高、从容睿智、通俗生动、幽默自然,为散文创作注入了清新的美感趣味。

④报告文学的勃兴

散文创作的另一大成就,是报告文学的勃兴。这种新型的文学体裁,以新闻纪实性、真实性与散文艺术感染性相融合的特点,引起了读者的极大兴趣。茅盾主编的报告文学集《中国一日》,展现了一个个丑恶与圣洁、光明与黑暗交织着的社会生活横断面。夏衍的《包身工》借包身工一天的地狱生活，揭示了包身工制度的丑恶内涵。这两部作品代表了报告文学初创阶段的最高成就。

(4)戏剧创作成就

①20 世纪 30 年代的戏剧创作开始呈现繁荣景象

话剧运动迅速发展，话剧艺术得到空前普及。大革命失败后，以上海为中心的话剧运动热潮掀起，进步戏剧团体相继成立，促进了戏剧创作的发展，戏剧作品不仅数量明显增加，艺术水准也大大提高。

②曹禺是成就最高的剧作家

曹禺的《雷雨》《日出》以欧洲经典戏剧的结构形式、尖锐紧张的戏剧冲突、富有动作性和潜台词的个性化人物语言、揭露社会底层人物不幸遭遇的戏剧主题，表现了不同人物的性格悲剧和命运悲剧。这两部剧作是中国现代话剧成熟的标志，至今仍深受观众喜爱。

此外，夏衍的《赛金花》《秋瑾》《上海屋檐下》，田汉的《月光曲》《回春之曲》，熊佛西的《屠夫》，李健吾的《太平天国》，洪深的“农村三部曲”，宋之的的《武则天》等剧作，用不同的笔触，从不同的侧面，丰富了中国现代戏剧创作。

第二十五章　抗战时期的文学创作

第一部分　考点归纳

1937 年 8 月 25 日,因战争而停刊的《文学》《丛林》《中流》《译文》四个文学刊物联合起来,在上海创办《呐喊》杂志。该刊物被看作抗战时期中国文学创作开始的标志。1938 年 3 月 27 日,中华全国文艺界抗敌协会(以下简称"文协")在武汉成立。"文协"的成立标志着 20 世纪 30 年代无产阶级革命文学、自由主义文学、国民党民族主义文学等几种文学运动的汇流,组成了文学界的抗日民族统一战线。

抗战时期的文学创作,从共时性角度看,具有大叙事、现实性、反形式化三大特点;从历时性角度而言,则在创作发展中能够不断挖掘战时的社会现实与人心。受政治和战争影响,抗战时期的文学创作分为国统区文学、沦陷区文学、孤岛文学与解放区文学。抗战时期的文学创作,普遍从具体的生活出发,力求展示广阔丰厚的社会生活内容,主题不乏对黑暗的控诉与对腐朽的现实政治的否定,具有非常鲜明的时代烙印。抗战文学是中国近代以来反侵略战争文学的集大成者和新发展,也是世界反法西斯战争文学的有机组成部分,具有重要的文学史价值。

第二部分　典型习题详解

一、选择题

关于抗战时期的文学创作,下列说法不正确的是(　　)

A. 抗战时期文学在爱国主义主题下发展出不同的内容。有历史题材,如郭沫若的《屈原》,也有普通人的生活,如萧红的《呼兰河传》

B. 1937年中日战争全面爆发。《呐喊》杂志提出“我们的武器是一支笔”等主张，这个刊物被看作抗战时期中国文学创作开始的标志

C. 抗战初期，“救亡”成为文学作品的灵魂；相持阶段，创作转为正视战争艰难，直面现实残酷；抗战后期到解放战争期间，对新中国的憧憬和赞美成为文学的唯一基调

D. 1938年，中华全国文艺界抗敌协会成立，成员有郭沫若、茅盾、夏衍、丁玲、老舍等，其会刊《抗战文艺》是抗战时期唯一的抗战文学刊物

【解析】抗战后期到解放战争时期，文学与民主运动结合，讽刺文学成为主要基调，许多创作都富有喜剧性的批判色彩。

【答案】C

二、名词解释

沦陷区文学

答：1941年12月，太平洋战争爆发，上海孤岛文学时代结束。在此之前，已有1931年九一八事变后的东北沦陷区文学，1937年七七事变以后以北平为中心的华北沦陷区文学，统称为“沦陷区文学”。1941年上海完全沦陷时，最有影响力的文学杂志《万象》，团结了一大批在上海的进步作家，发表了大量揭露旧社会黑暗腐朽生活的具有爱国主义理想的作品，如师陀的《无望村的馆主》，张爱玲的小说集《传奇》等，苏青的《结婚十年》等。

三、简答题

简述抗战时期上海文学的发展状况。

答：孤岛文学指从1937年11月上海沦陷至1941年12月日军进入租界，存在于上海租界的文学。由于四面都是沦陷区，故称“孤岛”。孤岛文学反映了作家对抗战时期战斗和生活的记录，成就最突出的是杂文和戏剧。杂文以唐弢为代表，带有强烈的“鲁迅风”；戏剧以《夜上海》为代表，反映现实、民族等主题。另外，还有报告文学等流行文学样式以及黄裳、柯灵等代表作家。

(1)孤岛文学的发展环境与概况

在党的领导下，孤岛进步作家以报刊、戏剧舞台为阵地，发表文章和公开演出，以爱国主义和民族气节激励观众，产生很大的社会影响。

"孤岛"的特殊形势使孤岛文学具有自己的特色。它反映形势迅速,揭露敌人的阴谋及时,战斗性强,表现的形式巧妙多变,同时群众文艺活动也蓬勃开展。

《鲁迅全集》在抗战爆发前遭到国民党重重刁难无法出版,而在此时却得以出版;在国民党统治区很难能与读者见面的、最早系统地报道中国红军真实情况的《西行漫记》和《续西行漫记》,也在这里出版。南社的柳亚子、文学研究会的郑振铎、王统照、耿济之、夏丏尊,中国左翼作家联盟的骨干阿英、王任叔、梅益、于伶,以及鲁迅夫人许广平等,都继续从事文学创作,并参加各种爱国活动。

(2)孤岛文学最有影响的文学作品

孤岛杂文。孤岛杂文表现孤岛文学特色最为突出,这里乃至全国发生的重大事件,在杂文里几乎都有反映。孤岛作家唐弢、柯灵、王任叔等都发表了很多紧密联系现实、爱憎分明的杂文,《边鼓集》《横眉集》代表了当时的水平。王任叔和阿英关于杂文曾发生颇有影响的"鲁迅风"的争论,后出版杂文刊物《鲁迅风》。

戏剧活动特别活跃。于伶的《夜上海》《长夜行》《花溅泪》等反映沦陷区人民生活和斗争的剧本,阿英的《碧血花》(明末遗恨)、《海国英雄》等南明史剧,歌颂爱国主义和民族气节,产生了很大的社会影响。

群众报告性文学发展较快。成果主要反映在由梅益、林淡秋等主编的《上海一日》里,是中国抗战时期的重要文学组成部分。

总之,孤岛文学是中国抗战文学的重要组成部分,广大爱国知识分子在党的领导下用手中的笔,密切联系实际,抒发爱国热情,创作出大量文学作品,同敌人进行顽强的斗争。孤岛文学因其特殊的时代背景和社会环境,表现出了特定的文学风貌,丰富了中国现代文坛。

第二十六章　新感觉派

第一部分　考点归纳

新感觉派就是活跃于20世纪20年代末至30年代前半期的具有现代主义征候的小说流派，是海派文学的一支。新感觉派的主要阵地是《无轨列车》《新文艺》《现代》等刊物，主要作家是施蛰存、穆时英、刘呐鸥，此外还有黑婴、禾金和徐霞村等。

新感觉派侧重展现半殖民地大上海的日常现象和世态人情，揭示建立在广大底层民众痛苦的"地狱"基础上的殖民都市"天堂"的真实面目，以及殖民化、都市化、商业化的环境所造成的罪恶和堕落。

第二部分　典型习题详解

一、选择题

关于"新感觉派"，下列说法不正确的是（　）

A. 新感觉派是20世纪30年代出现的现代主义小说流派，是海派文学的一支

B. 新感觉派的主要阵地是《新文艺》《现代》等刊物，代表作家有沈从文、史铁生等

C. 新感觉派在艺术表现方面有所创新，以强烈的主观色彩投射于现实的描绘

D. 新感觉派侧重于展现半殖民地大上海的日常现象和世态人情，揭示了殖民化、都市化、商业化的环境所造成的罪恶和堕落

【解析】新感觉派的主要作家有施蛰存、刘呐鸥、穆时英等。

【答案】B

二、名词解释

新感觉派的“圣手”

答:新感觉派的“圣手”是指新感觉派作家穆时英。1932 年起，他写作和发表了《公墓》《上海的狐步舞》《黑牡丹》《白金的女体塑像》，显示出他的现代派品格:创造了心理型的小说流行语和特殊的修辞，用有色彩的象征、动态的结构、时空的交错以及充满速率和曲折度的表达方式，来表现畸形的半殖民大都市上海的喧哗与骚动，揭示这座“地狱上的天堂”的光怪陆离。

三、简答题

简析新感觉派小说的整体特点。

答:新感觉派是指 20 世纪 30 年代出现在上海的一个小说流派。主要作家有穆时英、施蛰存、刘呐鸥。这是一个属于现代主义文艺范畴的新的小说流派，其小说的整体特点表现为:

(1)表现半殖民地都市的畸形与病态，提供了另一类型的都市文学。如刘呐鸥的《都市风景线》，多写大都市的病态;穆时英的《夜总会里的五个人》《上海的狐步舞》《黑牡丹》等，展现“十里洋场”的畸形“风景”。

(2)引进多种现代派手法，在小说结构、形式、方法、技巧等方面有所创新。如穆时英后期转向感觉主义、印象主义方法，创作出表现爱情和死亡的《公墓》;施蛰存写城镇中青年女性的《春阳》《雾》，折射出人性与封建主义、资本主义文明的冲突，他的《小珍集》，用心理分析方法写社会现实生活的古怪现状，则有回归现实主义的趋向。

(3)受到弗洛伊德学说的影响，倾向于对二重人格的表现。新感觉派受到弗洛伊德学说影响，对人的“精神内心”的表现有新的开掘，并且醉心于表现二重人格，有某种悲观、绝望、颓废的倾向。施蛰存早年的短篇集《上元灯》中的小说，颇有诗的意味，但并不采用现代主义方法。《将军底头》《梅雨之夕》《善女人

行品》等短篇集，则运用弗洛伊德学说，转向较为典型的心理分析，《将军底头》《魔道》等篇略带神怪、魔幻色彩。

总之，新感觉派小说作为中国现代小说史上第一个独立的现代主义文学流派，上承 20 世纪 20 年代叶灵凤的都市性爱小说，下联 20 世纪 40 年代张爱玲的市民传奇小说，它不但促进了现代都市文学的发展，而且丰富了现代小说的表现方法。

第二十七章　中国新诗派

第一部分　考点归纳

中国新诗派是指 20 世纪 40 年代的一个现代主义诗歌流派，也称九叶诗派，主要是由一群信仰现代诗歌艺术的年轻人自发组成的诗歌流派，因为他们的作品主要发表在《中国新诗》和《诗创造》杂志上，也被称为中国新诗派。代表性成员有郑敏、杭约赫、穆旦、辛迪、陈敬容、袁可嘉、唐湜、唐祈等。

新诗派成员大多有较深厚的学养，熟悉中西现代诗歌，受英美新批评和意象派诗学理念的影响，在熟练掌握和运用中西现代主义诗歌资源的基础上，以严肃的态度、严谨的艺术方式创立了属于中国本土的现代主义诗歌体系。中国新诗派在坚持诗歌从思想到艺术本体性的同时，提出“现代诗歌是现实、象征、玄学的综合传统”的诗学理念，强调反映现实与挖掘内心的统一。

第二部分　典型习题详解

一、填空题

1. 九叶诗派在诗歌艺术表现手法上追求“________”。

2. 九叶诗派中影响最大的是________。

【答案】1. 新诗戏剧化　2. 穆旦

二、简答题

简述九叶诗派的艺术成就。

答：九叶诗派在文学观念上主张的是“人的文学”“人民的文学”“生命的文

学”的综合。他们既反对逃避现实的伪艺术论，也反对扼杀艺术的唯功力论，力图在现实和艺术之间求得恰当的平衡。因此，他们强调反映现实与挖掘内心的统一，诗作视野开阔，具有强烈的时代感、历史感和现实精神。九叶诗派的艺术成就主要表现为：

（1）自觉追求现实主义与现代派的结合。九叶诗派注重在诗歌里营造新颖奇特的意象和境界，承接了中国新诗现代主义的传统。九叶诗派的语言意象是多样化和富于现代感的，他们从现代日常生活中锻造语言，融注主观意志使之成为智性化的结构。在穆旦诗中常见的“八小时的工作与房屋”“成人世界与父母”“学习”等语句，文字明晰，但语意颇为隐晦，业已构成诗中的“主题性意象”。九叶诗派采用自由联想的方式来组合语言意象，使现代知识分了的口语具备了诗歌艺术的表现功能。

（2）客观化和间接性的抒情表达。在抒情表达上，九叶诗派追求客观化和间接性，为诗的情志寻求“客观对应物”，避免直抒胸臆、一泻到底。陈敬容的《假如你走来》刻画一连串无声的动作，是蕴含丰富的心理戏剧片段。他们的咏物诗在写实层次上建构象征空间，如郑敏的《鹰》《马》，辛笛的《月光》，等等，通过暗示来曲折表达。

（3）极具反叛色彩和异端性质。九叶诗派的反叛色彩和异端性质，使他们的诗学理论和创作实践在当时并未获得较大反响，但包含着丰富的价值与启示。“这个诗人群，不论在诗情与现实的融合上，还是在对诗艺的执着追求上，似乎可以说是‘五四’以来某些现代派诗歌在向现代生活的突进中合理而健康的发展。”

（4）九叶诗人的作品各具特色，风格多样。九叶诗人中除了总体特征的相同或相似外，每个人又都有其独特的风格，如郑敏的诗的风格像雕塑，深沉而静穆；杭约赫、唐祈的诗气势宏大、热情奔放；袁可嘉的诗形式严谨而意蕴深沉；杜运燮的诗最引人注目的地方就在于讽刺和幽默对抒情的渗透；唐湜的长诗具有宏大的气象和浪漫的激情……每个人都以其独特的风格充实着现代新诗的百花园，穆旦则是其中的佼佼者。

第二十八章　解放区文学

第一部分　考点归纳

1942 年毛泽东《在延安文艺座谈会上的讲话》发表之后，解放区文学进入新的发展阶段，以《讲话》为指导方针，解放区文艺确定了“为工农兵服务”的发展方向。解放区文学的总体基调是明朗素朴的，这是一种全新的文学现象。

解放区文学在作品题材、主题以及人物塑造上都具有鲜明特色。对新社会和新制度的赞美取代以往的“批判”，成为解放区文学最常见的文学主题。马烽、西戎的长篇章回体小说《吕梁英雄传》，李季的长篇民歌体叙事诗《王贵与李香香》，贺敬之、丁毅执笔的歌剧《白毛女》等都是具有代表性的作品。

第二部分　典型习题详解

一、填空题

周立波的________和赵树理的________是两部描写农业合作化运动的代表小说。

【答案】《山乡巨变》 《三里湾》

二、简答题

简述赵树理的文学史意义。

答：赵树理崛起于 20 世纪 40 年代，是解放区文学最具有代表性的作家之一。《小二黑结婚》《李有才板话》《李家庄的变迁》《邪不压正》《传家宝》是他 20

世纪 40 年代的优秀作品。他自觉为农民写作，以创作农民小说著称，为新文学增添了新的表现内容和艺术风格，密切了新文学与农民的关系，填补了“五四”以来新文学在某些方面的空白，为中国新文学的发展作出了重要贡献。赵树理的文学史意义具体表现如下：

(1)从现实主义出发，描写了 20 世纪 40 年代解放区农民的生活斗争，表现了中国农村的历史性变革。

赵树理继承了鲁迅、叶紫等新文学作家描写农民生活，关注农民命运，揭示农民在封建压迫下形成的精神状态的优良传统，又以自己得天独厚的条件，表现了前所未有的 20 世纪 40 年代共产党新政权领导下解放区农民的生活状态和思想变化。其中，有农村基层政权建立初期，农民与混入政权内部的封建地主、恶势力的矛盾斗争；有对农民的教育改造；还有对农民生活方式、思想感情、人与人之间关系的新变化的反映，歌颂解放区新的时代、新的生活、新的思想、新的政权。

(2)赵树理的小说塑造出几类独特的农民形象，为新文学人物画廊增添了崭新的农民形象。

其中，既包括深受封建势力压迫、封建思想毒害、以旧观念心理处世，最终不同程度地有所转变的老一代农民形象(二诸葛、三仙姑)；也包括正义、乐观、敢于同封建势力和传统思想斗争，在新政权支持下，真正掌握了自己命运的新型农民形象(小二黑、小芹、李有才、“小字辈”青年)；还包括农民出身的农村基层干部形象(老杨同志、铁锁)。

(3)赵树理致力于小说艺术的民族化、大众化探索，创造了易于农民接受又雅俗共赏的新通俗文体。

赵树理借鉴改造民族传统的民间的艺术形式和表现手法，着重在矛盾冲突中，通过人物的行动语言塑造人物；第三人称叙述，故事情节连贯，有头有尾，顺序发展，可分可合；语言口语化，幽默风趣，简约有味，富有地方色彩和泥土气息。

第二十九章　共和国初期的文学

第一部分　考点归纳

共和国初期，按照毛泽东的文艺思想，文学是从属于阶级、服务于政治的，这就必然产生对于文学的“规范性”要求：必须表现工农兵生活，注重塑造先进人物和英雄典型；必须主要写生活的“光明面”，“以歌颂为主”；必须揭示“历史本质”，表现生活的“客观规律”，乐观主义地展示历史发展的前景；语言、形式必须易懂、明朗，反对朦胧晦涩；文学批评必须坚持“政治标准第一，艺术标准第二”。

1958 年，“两结合”的创作方法提出，即“革命现实主义”和“革命浪漫主义”相结合。通过文学规范的确立、文学体制的建立和文学运动的整肃，当代文学逐步形成高度组织化、规范化、一元化的文学形态。无产阶级革命思想成为创作的主旋律，并由此形成独具特色的社会主义形态的文学。

共和国初期代表性作家有赵树理、丁玲、柳青、贺敬之、艾青、何其芳、闻捷、茹志鹃、王蒙、刘宾雁、刘绍棠等。创作体裁有政治抒情诗、革命历史小说、农村小说、抗美援朝作品等。

第二部分　典型习题详解

一、填空题

一般把郭小川和________称为 20 世纪 50 至 60 年代“政治抒情诗”的代表诗人。

【答案】贺敬之

二、简答题

1.简述政治抒情诗的艺术渊源与艺术特点。

答：(1)艺术渊源

从艺术渊源上说，政治抒情诗受两个方面的影响。一是受中国新诗中崇尚力、宏伟的一脉的影响；二是受西方19世纪浪漫派诗人、当代苏联，特别是马雅可夫斯基诗歌的影响。

(2)艺术特点

①政治抒情诗是当代政治与文学特殊关系的产物。诗作者以“阶级”(或“人民”)的社会集团的代言人身份出现。

②政治抒情诗表现了作者关注政治事件、社会运动的热情，和以诗作为“武器”介入现实政治的追求。

③在艺术形式上，往往表现为观念演绎、展开的结构方式。有关现实政治和社会问题的观点，成为统驭诗的各种因素的纲目。

④政治抒情诗大都是长诗，通常采用大量的排比句式进行渲染、铺陈。也讲求节奏分明、声韵铿锵，以增强政治动员的感染力量。

⑤政治抒情诗在某种意义上说是一种“广场诗歌”。它的写作目标和相应的艺术形式，是诉诸公众场合的朗诵这种集体性的参与。

2.简述贺敬之政治抒情诗的主要特征。

答：20世纪50年代的中国诗坛，贺敬之的政治抒情诗显得夺目出众。

贺敬之的政治抒情诗之所以有着巨大的艺术感染力，是因为他能够赋予抽象的政治性命题以具体生动的形象，以政治的“虚”来贯穿、带动形象的“实”，又以形象的“实”使政治的“虚”变成可观可感的东西，从而达到既动人心弦又给人美感的诗的境界。

(1)大开大阖、波澜壮阔的诗歌意境。跨度宏阔的叙事时间，充实诗歌的内容含量，现在和过去的对比，给人以强烈的艺术冲击。由于贺敬之的诗作常常从重大政治命题中去寻觅和表现诗情，因而其视野宽广，结构呈现出大开大阖、波澜壮阔之势。在宏大的视野和结构里，诗人插上想象的翅膀，纵横驰骋，上天入地，古今中外，山南海北，充分调动时空的张力创造意境。诗人在《雷锋之歌》中说：“面对整个世界，我在注视。从过去，到未来，我在倾听……”“我心灵的门窗向四方洞开……""我胸中层楼呵有八面来风……"贺敬之的长篇政治抒情诗都有这一特点。正是这一特点使他以自己特有的艺术气质在我国当代诗坛上成为令人瞩目的"这一个"。

(2)"小我"与"大我"统一的抒情主人公形象。抒情诗创造的是抒情主人公形象,贺敬之的抒情主人公在诗中往往以字面上的"我"为艺术符号。这也是他的抒情方式和艺术风格的独特之处。以"我"的身份和眼光来感受生活和抒写激情,无疑更便于袒露自己的个性,因而为古今中外的诗人们所常用;然而贺敬之的"我"与郭小川的"我"一样,是个"大我",或者准确一点说,是"小我"与"大我"的统一体。

第三十章　红色文学经典

第一部分　考点归纳

“红色文学经典”一词出现于 20 世纪 90 年代中期的文学评论，是对 80 年代文学界提出的“革命历史小说”概念的时尚称谓。

“革命历史小说”，指从中华人民共和国成立到“文革”开始的 17 年(1949—1966)期间出版的一批长篇小说，主要讲述“革命”的起源故事，讲述中国革命在经历了曲折的过程之后，如何最终走向胜利。这些小说有着明确的政治目标和写作规范，在既定的意识形态的规限内，讲述既定的历史题材，以达成既定的意识形态目的。

著名的“三红一创，山青保林”(即《红岩》《红日》《红旗谱》《创业史》《山乡巨变》《青春之歌》《保卫延安》《林海雪原》)，以及《太阳照在桑干河上》《暴风骤雨》《三家巷》《上海的早晨》等作品，构成了中华人民共和国成立 17 年“红色文学经典”的主体。学者对这些文学作品的态度褒贬不一。但“红色经典”中高度“政治化”的叙述里面也不乏真切的生活描写，满足了特定历史时期的审美需求。

第二部分　典型习题详解

一、填空题

1. 知名革命英雄传奇《林海雪原》的作者是________。

2. 我国当代文学史上第一部描写学生运动、反映知识分子成长道路的优秀长篇小说是________。

【答案】1. 曲波　2.《青春之歌》

二、名词解释

1.《红岩》

答:《红岩》是由罗广斌、杨益言创作的一部革命历史题材的小说,以描写重庆解放前夕残酷的地下斗争,特别是狱中斗争为主要内容。它以"渣滓洞""白公馆"两个集中营里的斗争为中心,交错地展开我地下党领导的城市的地下斗争、学生运动、工人运动、狱中斗争以及华蓥山区的武装斗争故事,以昂扬的气势、浓重的色彩、豪迈的感情,塑造了一个在艰苦环境中坚持斗争、敢于胜利的战斗集体,一座巨型的共产主义战士的英雄群雕,江姐、许云峰、余新江、刘思杨等机智勇敢、不怕牺牲的革命先烈形象深入人心。它是一部用革命烈士的鲜血写成的共产党人的正气歌和革命传统的教科书,是一部具有认识价值和审美价值的悲壮的史诗。

2.《保卫延安》

答:《保卫延安》是当代文学史上第一部大规模正面描写解放战争的优秀长篇小说,被誉为"英雄史诗",小说第一次塑造了彭德怀将军的形象。作者为杜鹏程。它站在时代和历史的高度,以宏大的规模、磅礴的气势,出色地反映了解放战争中著名的延安保卫战,描绘出一幅真实、壮丽的人民战争的历史画卷。主人公周大勇是作者浓墨重彩塑造的英雄形象。

3."三红一创"

答:"三红一创"主要是指吴强的《红日》,罗广斌、杨益言的《红岩》,梁斌的《红旗谱》,柳青的《创业史》。这些作品在整体风格上呈现出史诗性的追求,内容上多为描写党领导的历史上的革命战争和现实生活中的农村改革,在文本的想象中建构起共和国的历史和党史,歌颂党的伟大。艺术上采用现实主义的创作手法,语言质朴简单,大众化、口语化的倾向明显,因此表现出浓郁的地方特色。这些作品在当时产生了极大的影响,受到广泛的肯定。随着文学研究视域的不断拓展和对文学史认识的深入,我们不能否认其巨大的社会文化价值(特别是政治文化的价值)和文学史价值,但也不能不对这些作品的局限而感到遗憾。

三、简答题

1.列举"红色文学经典"的主要代表作，并简述其再次风行的原因。

答：(1)"红色文学经典"的主要代表作品：《林海雪原》《野火春风斗古城》《红岩》《小兵张嘎》《红色娘子军》《烈火金刚》《沙家浜》等。

(2)"红色文学经典"再度风行的原因：在20世纪末，中国正处于社会转型时期，在商业意识、大众文化、消费文化浪潮冲击下，人们感到困惑和焦虑，开始将目光投向那个充满理想与信仰的"红色年代"。随着民间"红色文学经典"怀旧热潮的掀起，潜藏于其中的巨大商业价值开始显现，于是在民间、市场和国家主流意识形态的合力推动下，"红色文学经典"再度兴起，开始畅销流行。另外，这些作品通俗的表达和传奇性的结构，易于受众理解和接受。

2.结合具体作品说明"红色文学经典"中农村题材小说的特点。

答："红色文学经典"中农村题材小说以赵树理的小说创作为代表。赵树理小说在艺术的民族化、大众化方面，取得了卓越成就，这主要表现在人物描写、结构安排、语言运用等方面。

(1)在斗争的发展中来展现人物形象。在人物描写上，赵树理不是在静止的状态中消极地描写人物，而是在斗争的发展中来展现人物的性格。比如《李有才板话》中的老杨的性格，就是在阎家山两个阶级激烈搏战的斗争环境中得到充分表现的。

(2)善于通过人物言行显示人物的性格。赵树理总是通过人物自己的行动和语言来显示他们的性格，表现他们的思想情绪。对二诸葛、三仙姑这两位"神仙"性格的刻画，就是采用这种方法最成功的例证。

(3)结构上继承与创新并举。在结构上，赵树理小说继承古典小说、评话说书的结构方法，大多采用单线发展的写法，但又适应时代要求，摈弃了传统的章回体形式，接受了"五四"以来新小说的形式，并且融会贯通，进行艺术冶炼，使小说的结构形成了鲜明而新颖的民族特色：故事完整，有头有尾；情节连贯，曲折多变；疏密相间，脉络清晰。

(4)小说语言颇具民族特色。赵树理小说运用的语言完全是活在人民群众口头上的语言，生动活泼，通俗易懂，形象鲜明，风趣幽默，富有浓厚的生活气息。具体地说，就是口语化、形象化、个性化和有着独特的民族风格特色。

第三十一章　新时期文学

第一部分　考点归纳

从“文革”结束到 1989 年,中国当代文学被称为“新时期文学”,1989 年以后的文学被称为“后新时期”文学。

人们所说的“新时期文学”更多是指 1985 年以前的文学。在这一时期,文学界和思想界的关注点主要集中在反思“文革”、拨乱反正上。因此,“新时期文学”被看作“文学复兴”。“新时期文学”包括“伤痕文学”“反思文学”“改革文学”“知青文学”等几个重要的文学潮流。

在诗歌方面,“归来者”的诗(20 世纪 50 年代在各种政治运动中被迫害的诗人复出后的创作)和“朦胧诗”(北岛、舒婷、顾城等知青一代的创作)也属于“新时期文学”。

第二部分　典型习题详解

一、填空题

改革文学中,蒋子龙的小说________塑造了乔光朴的形象。

【答案】《乔厂长上任记》

二、名词解释

1. 伤痕文学

答:短篇小说《班主任》(刘心武,1977 年 11 月)和《伤痕》(卢新华,1978 年 8

月)的发表,掀开了"新时期文学"的序幕,也是"伤痕文学"的开端。"伤痕文学"的提法即与《伤痕》的小说题名有关,是"文革"亲历者对历史创伤提供的证言,揭露"文革"的灾难,描述知青、知识分子、受迫害的"老干部"在"文革"中受到的伤害,以及精神扭曲的内伤。代表作品还有:《神圣的使命》(王亚平)、《铺花的歧路》(冯骥才)、《大墙下的红玉兰》(从维熙)、《枫》(郑义)、《一个冬天的童话》(遇罗锦)、《天云山传奇》(鲁彦周)、《许茂和她的女儿们》(周克芹),等等。

2. 反思文学

答:"反思文学"是"伤痕文学"的深化。"反思文学"有"五四"时期"问题小说"的特点,揭露、思考"文革"对现代化(尤其是人的现代化)的阻滞和压抑。"反思文学"的代表作品主要有:《内奸》(方之)、《李大顺造屋》(高晓声)、《剪接错了的故事》(茹志鹃)、《犯人李铜钟的故事》(张一弓)、《芙蓉镇》(古华),等等。

三、简答题

1. 谈谈新时期的"改革文学"。

答:(1)"改革文学"的产生

"改革文学"出现于20世纪70年代末,侧重反映的是新旧体制转换时期的社会矛盾,记录了改革的艰辛及其导致的伦理关系和道德观念变化,在创作方法上以现实主义为主,注重人物形象特别是改革者形象的塑造。蒋子龙的《乔厂长上任记》被认为是"改革文学"的潮头作,但并未反映多少改革内容。真正的"改革文学"是反映农村承包责任制的作品,如何士光的《乡场上》《种苞谷的老人》等。

(2)"改革文学"的发展趋势

①以贾平凹为代表,回避生活中改革与反改革的斗争,进入道德领域和人的心灵深处来反映时代。代表作品有《小月前本》《鸡窝洼的人家》《腊月·正月》。也有人写人们内心对新事物的抵触,如《鲁班的子孙》写了父子两代木匠,儿子认活不认人,干活就收钱,被村民指责。作家们虚构了许多不择手段赚钱的人物形象,表现社会的物欲横流。

②以张炜为代表,站在改革的主要矛盾的层面上,用怀疑的目光看改革。其实他们的本意是支持改革,如张炜的《秋天的思考》《秋天的愤怒》等。此外还有一些反映城市改革的作品,如张洁的《沉痛的翅膀》、李国文的《花园街五号》等。

2.“伤痕文学”的代表作及其社会影响。

答:(1)“伤痕文学”的代表作

“伤痕文学”是20世纪70年代末到80年代初在中国文坛占据主导地位的一种文学现象。它得名于卢新华以“文革”中知青生活为题材的短篇小说《伤痕》。较早在读者中引起反响的“伤痕文学”是北京作家刘心武刊发于《人民文学》1977年第11期的《班主任》。这是“新时期文学”第一次揭露“文革”中推行的蒙昧主义如何危害着青少年的纯洁心灵。

《班主任》拉开了回顾历史伤痕的序幕。至于这种对“文革”苦难的揭露真正成为一种潮流,则是以1978年8月卢新华的短篇小说《伤痕》发表在《文汇报》上为标志的。这部小说以悲剧的艺术力量,震动了文坛,作品中对人性、人道主义的描写,突破了长期以来关于文艺的清规戒律,在当时引起了广泛的争论,而讨论最终得出的肯定性结论,又使这部作品成为我国文学界在政治上彻底否定“文革”的先声。

(2)“伤痕文学”的社会影响

“伤痕文学”的问世标志着“新时期文学”的开端。它是觉醒了的一代人对刚刚逝去的噩梦般的反常的苦难年代的强烈控诉。彻底否定“文化大革命”,是“伤痕文学”的精神实质。“伤痕文学”的作者们以清醒、真诚的态度关注、思考生活的真实,直面惨痛的历史,在作品中呈现了一幅幅十年浩劫时期的生活图景。

第三十二章　朦胧诗

第一部分　考点归纳

朦胧诗是 1980 年前后兴起的一种具有文化叛逆性的诗歌潮流。最早的“朦胧诗人”是围绕民间刊物《今天》聚集起来的北京青年诗人，包括芒克、北岛、江河、多多等，后来又聚集了杨炼、顾城、舒婷、徐敬亚、王小妮、梁小斌等人，成为“新时期”广受瞩目的诗歌群体。1980 年 8 月，章明在《诗刊》发表《令人气闷的“朦胧”》一文，批评这些诗歌朦胧晦涩。“朦胧诗”因此得名。

1984 年以后崛起的更新一代的诗人，被称为“后朦胧诗人”“第三代”“新生代”。朦胧诗最具代表性的诗人是北岛、舒婷、顾城、江河和杨炼。

第二部分　典型习题详解

一、填空题

1978 年________的创作，标志着潜藏于地下的、即被人们称为“朦胧诗派”的现代诗潮一次公开的集体亮相：这一诗歌群体刚在文坛出现，就引起了轩然大波。

【答案】《今天》

二、简答题

1. 简述朦胧诗的特点及代表人物。

答：(1)朦胧诗的代表人物

朦胧诗兴起于 20 世纪 70 年代末到 80 年代初，是伴随着文学全面复苏而出现的一个新的诗歌艺术潮流。朦胧诗的代表人物有:北岛、舒婷、芒克、多多、顾城、江河、杨炼、林莽、梁小斌、王小妮等。

(2)朦胧诗的特点

①注重诗的观念省略和诗的主题暗示,作品的主题具有隐约性和多义性。朦胧诗人采用这种若隐若现的表现形式,运用象征、意象、通感、暗示、隐喻、变形等多种艺术手段,使作品的主题体现了"不即不离,捉摸不行"的隐约性、"诗无达诂"的多义性。

②注重以象征手法为中心的艺术创作方法。诗人在凝神观照中,拆除开所观照的对象,把自己的生命输送到没有生命的物体之中,由物我两忘进到物我同一的境界。这种"移情说"应用到文艺创作便产生了象征手法,常用于表达多层主题,表达复杂感情,表达抽象的意识和情绪。

③注重意象化手法和意象层面的立体组合,常常采用艺术通感手法和艺术变形手法。

④注重跳跃性情绪节奏和自由化的内在结构与韵律,以表达情绪为目的,重视诗行中的内在声音美以及其他各种内在的韵律美。尤其重视把外部的韵律和内部的韵律结合起来,从而使诗歌的韵律美达到前所未有的程度。

2.简述舒婷诗歌的创作特色。

答:(1)通过诗歌把自己和民族的命运联系在一起。这种联系,主要表现为对现实、土地、祖国的理性而又执着的爱,对理想、未来的信念。在《祖国啊,我亲爱的祖国》一首诗中,诗人从自己与祖国命运的角度写下了个人和民族之间血肉相连、生死与共的关系。又如在《献给我的同代人》《这也是一切》中,舒婷反复强调责任的重要性和承担责任所需要的勇敢、坚强、心灵的力量乃至牺牲精神。

(2)对个性和自我价值的果断肯定与坚持。这里的"个性"是作为一个平民的"个性与自我价值",这个自我是独立、自尊、灵魂自由的"人"。如《致橡树》一反传统爱情关系中的依附心理,表达出建立在平等基础上的现代爱情观念。

(3)诗以深厚的"爱"为基础。这种"爱"有时表现为"美丽的忧伤",有时表现为"沉重的思索",在表现方式上则倾向于浪漫主义。舒婷的诗体属于自由诗,但又注重格律的调节,特别注重诗句和诗段的对称。如《致橡树》中的"仿佛永远分离,却又终身相依";《思念》中的"蓓蕾一般默默地期待,夕阳一般遥遥地注目"。

第三十三章　寻根文学

第一部分　考点归纳

1983—1984 年,以“知青作家”为主的中青年作家发起“寻根”问题的讨论。1985 年“寻根派”正式打出旗号,主要的宣言性文字有:韩少功《文学的“根”》、郑万隆《我的根》、李杭育《理一理我们的根》、阿城《文化制约人类》等。他们认为,中国文学应该建立在广泛而深厚的“文化开掘”之中,开掘这块古老土地的“文化岩层”,用现代意识探寻民族文化的得失,才能获得民族精神自救的能力,与“世界文学”对话。在他们看来,以“世界文学”为视镜,从中国文化中寻找有生命力的东西,才是重建中国文学的可行之路。由此提出“越是民族的,越是世界的”这个口号。

寻根文学作品大都与某一特定地域的文化相关,特别注重发掘偏远地域的民情风俗以及儒家正统文化以外的道家思想和禅宗思想。知青作家大都以插队地区作为“寻根”的落脚点,如韩少功的《爸爸爸》《女女女》以及后来的《马桥词典》、李杭育的“葛川江系列”、郑义的《老井》、阿城的《棋王》《树王》《孩子王》、王安忆的《小鲍庄》等。

第二部分　典型习题详解

一、选择题

1. 王安忆的作品中被认为是“寻根文学”代表作的是(　　)。

A.《本次列车终点》　　　　B.《叔叔的故事》

C.《小鲍庄》　　　　　　　　　　D.《岗上的世纪》

2. 下列不属于寻根小说的作品是(　　)。

A.《爸爸爸》　　　　　　　　　　B.《岗上的世纪》

C.《小鲍庄》　　　　　　　　　　D.《棋王》

3. 关于"寻根文学"和"现代派小说"的创作,下列说法不正确的是(　　)。

A. 1985 年前后,"寻根文学"和"现代派小说"先后出现,这与当代文学的创新意识息息相关

B. 寻根文学作品都与作家家乡民俗密切相关,同时特别注重发掘儒家正统文化以外的道家思想和禅宗思想

C. "现代派小说"试图摆脱经典现实主义方法,追求"本体意味"的形式和"永恒"的生存问题

D. "寻根文学"代表作品有:阿城的《棋王》、陈村的《一天》等;"现代派小说"的代表作品有:刘索拉的《你别无选择》、郑义的《老井》等

【解析】陈村的《一天》是"现代派小说"的代表作,郑义的《老井》是"寻根文学"的代表作。

【答案】1. C　2. B　3. D

二、填空题

丙崽是________作品________中的人物。

【答案】韩少功　《爸爸爸》

三、简答题

1. 简述"寻根文学"的文化倾向。

答:"寻根文学"的文化倾向大致包括以下三个方面:

(1)在文学美学意义上对民族文化资料的重新认识与阐释,发掘其积极向上的文化内核,如阿城的《棋王》。

(2)以现代人感受世界的方式去领略古代文化遗风,寻找激发生命能量的源泉,如张承志的《北方的河》。

(3)对当代社会生活中存在的丑陋的文化因素的继续批判。这虽然还是启蒙主义的话题,但也渗透了现代意识的某些特征,如韩少功的《爸爸爸》。但这

三个方面也不是绝对分开的，许多作品是综合体现寻根的意义的。

2. 简述“寻根文学”的美学追求和产生的原因。

答：(1)文化寻根小说在美学倾向上表现出对民族文化的重新认识与阐释，发掘其积极向上的文化内核，以及对民族文化心理的深层结构的深入挖掘。

(2)在表现出明显的民族文化特征和民族审美方式的同时，又渗透了现代的意识倾向，既富有民族文化的独特性，又融合了现代感的美学倾向。

(3)新颖的审美形态，投射在他们那融合了现代与传统、特别富于想象力的艺术风格中。

(4)生发于作家主体的独特感受和各自文化背景下不同的审美理想，通过对具有生命活力的人格形象的描述表达出文化魅力，并以此完成一种人格境界的美感塑造。

原因：“反思文学”的深化；西方现代主义的影响；文化热的推动，受拉美“文学爆炸”影响。

第三十四章　现代派文学

第一部分　考点归纳

1985年前后，当代文学创新意识高涨，“现代派小说”和“寻根文学”是首先出现的创新潮流。这一时期，《人民文学》《北京文学》《上海文学》《收获》等刊物先后发表了一批由青年作家创作的“现代派”小说：刘索拉《你别无选择》《蓝天绿海》、徐星《无主题变奏》、陈村《一天》、残雪《公牛》《山上的小屋》等，引起批评家的热烈反响，被称为“现代派小说”。

“现代派小说”试图超越特定时空的社会政治，摆脱经典现实主义方法，追求“本体意味”的形式和“永恒”的生存命题；用荒诞、变形的艺术方法，来质疑当代基于某种价值标准的观念和行为规范。

第二部分　典型习题详解

一、填空题

1985年，刘索拉初刊于《人民文学》的小说________被认为是“现代派小说”。

【答案】《你别无选择》

二、简答题

结合刘索拉、徐星、残雪等人的作品分析20世纪80年代现代派作家作品的主题、风格等。

答：现代派作家的创作通常被认为是前先锋派小说，主要是指20世纪80年代中期以后出现的一批具有探索和创新精神的青年作家所创作的新潮小说，代表作家有刘索拉、徐星、陈村、残雪等。

(1)主题:试图揭示现代人的生存困境。20 世纪 80 年代中期,先锋派青年作家,如刘索拉、徐星等以写“城市文化”为中心,从人物内心情绪变动的角度对年青一代的心理进行深刻描绘。这些作家延伸了心理小说的视线,不再以因为特定历史造成的性格畸形和人性扭曲为中心,而是指向当下社会中青年人在成长过程中的困惑与苦恼,表现他们在寻找自我、实现自我过程中的迷失与皈依。作品以强烈的反叛精神,从生存方式的角度批判、挑战权威,消解传统,刻意表现平庸、荒诞、滑稽,以揭示现代人的生存困境和精神焦虑。刘索拉的《你别无选择》被誉为“第一次看到的真正的中国现代派文学作品”。书中以音乐界生活为素材,采用“黑色幽默”的笔法,表现中国当时的社会现实,笔下人物多为“精神贵族”或“迷惘的一代”。《你别无选择》的主人公是音乐学院作曲系的学生,他们勇于追求自己的人生梦想,对音乐显示出强烈的创造欲望,与以贾教授为代表的陈旧僵化的教育体制形成了尖锐的对立。小说尝试用音乐的结构,把一代年轻人青春期的骚动、个人意识的萌芽,以及他们在现实生活中遇到的荒诞,融进这群青年艺术家躁动的血液里,呈现出强烈的虚无主义和反抗意识。徐星的《无主题变奏》描写了一个普通青年——主人公“我”的日常心态,同时也描写了“我”和“我”的女朋友老 Q 以及“我”的那些室友们的生活情况。这篇小说没有故事,却有戏剧性;没有情节,却有高潮。它忠实地描写了这个年轻人的日常感觉和内心的调侃,事实上那并非他个人的感觉和调侃——那是一种独特的青春期的精神状态。主人公看到现实的虚伪,自愿处在社会边缘,对流行的价值观念和生活方式采取蔑视和嘲讽的姿态。小说的成功之处在于把社会生活的荒谬性通过现代主义手法内化为人物自身存在的主体荒谬性,因此作品的主题表现为“一种对存在、对人生、对青春以至对自身的整体荒谬感”。现代派作家以戏谑或愤世嫉俗的态度来叙述和嘲笑当代统一的价值标准——“崇高”,同时也表现出他们表面上对这些“崇高”满不在乎,内心实则充满惶惑,在现行体制下不得不依照这些“崇高”的标准来创作的复杂状态。刘索拉、徐星等作家是在表达一种反抗现代社会的“非理性”精神,更是深受“文革”毒害的一代人对自由精神和主体意识的追求。

(2)风格:以象征主义、意识流等技巧为主。现代派作家普遍重视形式技巧的运用,如象征主义的手法,意识流、荒诞派的写作方式,其文本叙事还广泛采用反讽与黑色幽默的表现方式,在揶揄调侃中达到对传统叙事话语的颠覆和消解。在"荒诞"和"变形"中,小说人物几乎没有历史和过去,每个人物都是主人公,因而没有特定的主人公;同时每个人物都有一个被极度夸张了的特征,因而你只会记住这个特征。刘索拉的小说创作融汇了西方现代主义的滑稽感、荒诞感和存在主义式的无可归依感,呈现出一种松散的结构形式,用情绪的流动来贯穿文本。"没有过去,没有未来,只有流动的现在",表现出现代青年人面对复杂多变的社会时的种种不安和对人生道路选择的迷惘。残雪的《山上的小屋》建构了一个梦魇般的世界,在这个世界里,人是孤独的、痛苦的,人与人之间互相戒备、仇视。残雪开拓了一种非常态的语言和审美空间,语意和逻辑上的混乱、审美上的虚幻性,象征着人生的杂乱无章和难以把握,表现出人存在的荒谬感、恐惧感,以及人与人之间的无法理解、无法沟通。

"现代派小说"顺应了西方现代主义文学"向内转"的趋向,突破了传统小说从人物所处的社会背景去表现人物、塑造典型性格的做法,全方位地拓展了小说的表现空间,接续了中国现代文学史上鲁迅等人开辟的道路,为"新时期文学"中小说形式的革新作出了贡献,也为后来"先锋小说"与"新历史小说"的发展奠定了基础。

总体来说,"现代派小说"是小说艺术历史进程中最有冲击力的一次革新。虽然它最终未能实现初衷,即未能取代现实主义传统成为主流,但是它却以丰富的艺术技巧,融入现实主义主流之中。

第三十五章　先锋小说

第一部分　考点归纳

继“现代派小说”和“寻根文学”之后，一批更年轻的新潮作家重视“形式的自觉”，即小说的“虚构性”和叙述方法、叙述语言上的变化。这种创新倾向在1987年左右形成潮流，被称为“先锋小说”。先锋作家们把叙事和语言本身看作审美对象，运用虚构、想象手段，进行叙述方法的实验。有人还把实验本身写入小说中，打破传统小说竭力营造的“真实世界”的幻象。代表作有马原的《拉萨河女神》《冈底斯的诱惑》，余华的《十八岁出门远行》《西北风呼啸的中午》，格非的《迷舟》，孙甘露的《信使之函》，苏童的《桑园留言》等。

第二部分　典型习题详解

一、名词解释

先锋小说

答：先锋文学是现代主义文学的一个重要流派。它是对19世纪末至20世纪中期出现的各种思潮、流派的总称。20世纪80年代，中国已经有不少作家运用现代主义手法创作，先锋文学在新时期成为一种文学潮流。继“现代派小说”和“寻根文学”之后，一批更年轻的新潮作家将创新点指向“形式实验”，提出“重要的不是‘写什么’而是‘怎么写’”。他们重视“形式的自觉”，即小说的“虚构性”和叙述方法、叙述语言上的变化。这种创新倾向在1987年左右形成潮流，产生的作品被称为“先锋小说”。

二、简答题

简述先锋小说的特点、代表人物及其作品。

答:(1)先锋小说的特点

①打破叙述者与读者的界限,混淆两者之间的区别。

先锋小说关心的是故事的"形式",把叙事本身看作审美对象。作者在作品中有意混淆、拼接"虚构"与"真实",并把构思、写作过程直接写进作品,参与文本的构成。这种写作方式在开始时对小说界产生了巨大的冲击。它拓展了小说的表现力,强化了作家对个性化感觉和体验的发掘;同时,也抑制、平衡了20世纪80年代小说中"自我"膨胀的倾向。

②注重技巧,要求实验性文本,与传统的故事叙述有很大不同。

先锋小说的不少作品在其"形式革命"中,总是包含着内在的"意识形态含义"。对于"内容""意义"的不同程度的解构,对于性、欲望、死亡、暴力等主题的关注,归根结底与中国的历史语境息息相关。在先锋小说作家的作品中寻找象征、隐喻、寓言,寻找故事的意义都是徒劳的——这种说法并不完全是事实,只不过有关社会历史、人性的体验和记忆,有时会以另类、隐秘的方式展开。先锋小说总体上以形式和叙事方式为主要的探索倾向,但后来其局限性日渐显露,不可避免地走向了"形式的疲惫"。

③角度和视野开阔,摆脱了传统故事性的道路和传统视角。

先锋小说的观念和方法,与法国"新小说"派创始人阿兰·罗布-格里耶、拉美的加西亚·马尔克斯、路易斯·博尔赫斯的创作有关。被用来解说先锋小说文体实验的,还有20世纪六七十年代美国的所谓"反小说"。马原发表于1984年的《拉萨河女神》,是中国当代第一部将叙述置于重要地位的小说。他的小说显示的"叙述圈套",在那个时间段成为文学创新者的热门话题。

(2)代表人物及其作品:马原《拉萨河女神》《冈底斯的诱惑》,余华《十八岁出门远行》《西北风呼啸的中午》,格非《迷舟》,孙甘露《信使之函》,苏童《桑园留言》。

第三十六章 “女性文学”创作

第一部分 考点归纳

“女性文学”的概念在20世纪80年代被提出。从女性主义理论出发，“女性文学”被限定为女性作家描写女性生活的作品，并且具有一定的“女性意识”，即对女性的历史状况、现实处境和生活经验进行探究和描写，既要显示与男性作家不同的观点、态度和语言表达方式，又要表现一种女性“独立”的主体意识。

在20世纪80年代，女作家的创作呈现一种矛盾的趋向：一方面，女作家大多也热衷于“重大”社会题材，倾向于淡化性别特征的表达方式；另一方面，在80年代的整体文化心理上，由于市场经济的兴起，出现了某种对“传统”文化的潜在倾斜的倾向。因此，80年代女性创作存在一种“悖论”式情境，这既是女作家的创作矛盾，也是她们创作活力的部分来源。“女性文学”主要代表作品有：谌容《人到中年》《懒得离婚》，张洁《爱，是不能忘记的》《祖母绿》《方舟》，王安忆“三恋”《小城之恋》《荒山之恋》《锦绣谷之恋》，铁凝《玫瑰门》等。

第二部分 典型习题详解

一、选择题

1. 下列曾被称为20世纪90年代“女性文学”代表作的是（　　）。

A.《一个人的战争》　　B.《方舟》

C.《弟兄们》　　D.《在细雨中呼喊》

【解析】B《方舟》也是"女性文学"代表作,但出版于20世纪80年代,与题干不符。

2. 关于"女性文学"创作,下列说法不正确的是(　　)

A. 20世纪80年代女性作家大量涌现,同时西方女性主义理论引入,"女性文学"被提出

B. 女作家创作呈现出矛盾倾向:一方面,大多倾向于淡化性别特征的表达方式;另一方面,"女性化"风格因受到读者的欢迎而成为优势

C. 从理论上来说,"女性文学"被限定为女性作家描述女性生活的作品,并且具有一定的"女性意识",即对女性的历史状况、现实处境和生活经验进行探究和描写

D. 20世纪80年代重要女作家创作的具有较强"女性意识"的作品有:铁凝的《玫瑰门》、张爱玲的《金锁记》、茹志鹃的《百合花》等

【解析】张爱玲的《金锁记》写于1940年代。此外,茹志鹃的《百合花》更多属于革命文学范畴,虽然也是女性作家作品,但其"女性意识"不如《玫瑰门》这样直观。

【答案】1. A　2. D

二、名词解释

铁凝

答:铁凝是我国著名的当代女作家,现为中国文联主席、中国作家协会主席。她的早期作品描写生活中普通的人与事,特别是细腻地描写人物的内心,从中反映人们的理想与追求、矛盾与痛苦,语言柔婉清新。她后期关注女性生存状态,成为女性文学代表作家之一。主要作品有:《玫瑰门》《大浴女》《麦秸垛》《哦,香雪》等。

三、简答题

1. 结合两部以上有代表性的作品分析王安忆的创作特色。

答:王安忆是中国当代一位重量级的女作家,她创作了大量具有丰富思想内涵的艺术精品,受到了读者的推崇和评论家的青睐。其主要创作特色为:

(1)风格多样

在其数十年的写作生涯中,王安忆不断探索小说作为叙事艺术的最大可能

的空间。从“雯雯系列”的理想化书写到反思文学的《本次列车终点》，到寻根文学的代表作《小鲍庄》，到探讨男女两性的“三恋”，再到个人化叙事的《叔叔的故事》和《长恨歌》，每一次探索都体现了王安忆对文学的热爱、对艺术的追求。

(2)题材丰富，体现出强烈的历史意识

王安忆既关注普通人的日常生活，如《富萍》，也常常对生命的形而上进行追问，如《纪实与虚构》。而在《长恨歌》中，她对上海三小姐王琦瑶一生的细细描述，也是对上海这座城市乃至整个中国的过去几十年的书写，表达了人生的苍凉和历史的沧桑。

(3)体现出浓厚的女性意识

身为女性写女性，她深知女人之处境，对女性生命有着深入的观察和独到的思考。她刚中有柔，承认两性差异，强调女性应保持发扬自己的特性。她常常从女性的独特经验出发，对现代文明、人的本质进行深刻的思索和质询，张扬了女性的内审意识，完成了女性自我意识由内到外的深层变革。如《小城之恋》《荒山之恋》《锦绣谷之恋》等小说，体现了女性的独立意识和作者对人性的探索。

(4)叙事追求创新，具有独特的艺术风格

王安忆的小说创作追求叙事的创新，语言平白质朴、缜密冷静、沉着超然，具有独特的艺术风格。

她在《纪实与虚构》中对家族的寻根最终没有结果，只是一场文字的叙述狂欢，在《叔叔的故事》中对上一代知识分子的尊严进行了解构。其语言的自由流畅与缜密在《长恨歌》中展现得淋漓尽致，开头的“弄堂”“流言”等完全可以作为精美的散文来读。总之，王安忆的写作形成了独特的个人风格，构成了多元化格局。

2.简述20世纪80年代“女性文学”创作。

答：“女性文学”的概念在20世纪80年代被提出，主要有两方面的原因：一是女性作家大量涌现，其作品的数量和质量都不容忽视；二是西方女性主义理论的引入，增强了“女性意识”。从女性主义理论出发，“女性文学”被限定为女性作家描写女性生活的作品，并且具有一定的“女性意识”，即对女性的历史状况、现实处境和生活经验进行探究和描写，既要显示出与男性作家不同的观点、态度和语言表达方式，又要表现一种女性“独立”的主体意识。

(1)最早的一批女作家的代表如张洁、谌容、戴厚英等

她们仍然为女性的权利、人的尊严而呼喊,呼应着“五四”时期冰心、庐隐的主题,但是作为一种社会化的写作,她们尚未在一种自觉的性别意义上建立起自己作为女性的独特方式与角度。如张洁的《爱,是不能忘记的》《方舟》,戴厚英的《人啊,人》,张抗抗的《北极光》等。

(2)“女性意识”觉醒之后

“女性意识”觉醒之后,女作家就以清醒的理性精神自觉地审视所处的社会历史环境,向男权社会提出质疑和批判。如王安忆的《小城之恋》《荒山之恋》《锦绣谷之恋》,在本能放纵和文明压抑的冲突中,深入女性本体世界,唱出了生命的欢歌。与此不同的是,铁凝的《麦秸垛》《玫瑰门》等则揭示出性爱难以舒展而造成的心灵扭曲和痛苦。这些女作家的创作虽然显现出较强的“女性意识”,但是她们依然坚持现实主义的叙事规范,重在展示波澜壮阔的生活场景和宏远深邃的历史意识。

综上所述,20 世纪 80 年代女性创作存在一种“悖论”式情境,“女性化”风格因受到读者欢迎而成了“女作家”的优势,而她们的文化观念和自强意识又促使她们超越这一性别特征。她们大都不愿被称为“女作家”,也不愿承认是“女性主义者”。这一情境既是女作家的创作矛盾,也是她们创作活力的部分来源。

第三十七章　市场背景下的文学生产

第一部分　考点归纳

1984 年，有关部门针对文学期刊、出版社的体制改革颁布了两个重要决定：一是规定出版单位要从“单纯的生产型”转为“生产经营型”；二是期刊除少数必须补贴的外，一律“独立核算，自负盈亏”。与此同时，经济全球化的到来也加快了中国当代文学“市场化”转型的进程。

20 世纪 90 年代以后，文学期刊陆续改版，但文学期刊的改版大都不成功，并未获得“造血功能”。“市场化”转型的不够成功使文学期刊越来越边缘化，读者大量流失，尤其是年轻读者流失严重，影响力大大降低。

20 世纪 90 年代“长篇热”的现象、“畅销”热点现象说明，文学作品的存在，并不仅仅是作家的“个人”行为，而成为从写作、出版到流通各个环节都受到市场选择和干预的“集体”行为。

文学生产的“市场化”转型后，出现了一些靠稿费、版税生活的“体制外”作家，如王朔、王小波，也出现了一些体制内作家“下海”的现象。越来越多的作家则参与一些有丰厚报酬的“亚文学”写作，如影视剧作、纪实文学、通俗小说、广告文学等。还有一种比较普遍的现象是，小说家在写作时便计划改编成影视剧，使影视剧的创作原则影响小说的创作。

第二部分　典型习题详解

简答题

谈谈你对 20 世纪 90 年代小说“个人化”的看法。

(1)进入 20 世纪 90 年代，文学以及整个人文学科在新的社会变革中失落了原来的地位,而趋于社会文化空间的边缘。所谓"个人化"就是作家不再依照对社会的共同理解来创作,而是以个体的生命直面人生,从个人的体验与独特方式出发,来描述自己眼中的世界。

(2)"个人化"在 20 世纪 90 年代小说中得到强化,更多地表现为由个人视角出发去理解社会,以自己独特的方式来表达对现实的态度和情感。较突出的一些作家,如张承志、王安忆、韩少功等,都以各自的立场和观点,向现实社会提供了属于自己的那一份思想表达。

(3)各种个人立场的写作构成了日益丰富而喧哗的多元化格局,文学创作空间相对扩大,而很多作家逐渐发展起了独特成熟的个人创作风格,写出了越来越多的优秀作品。如王安忆《叔叔的故事》、史铁生《我与地坛》、王小波《黄金时代》等在中国当代文坛留下了属于自己的记号。

第三十八章　20 世纪 90 年代以来的大众文学

第一部分　考点归纳

20 世纪 90 年代以后，中国社会开始进入消费社会，“大众文化”成为人们的主要文化需求。“大众文化”生产是一种以满足消费者需求为目的而进行的大规模文化生产。大众文学是以娱乐性为主要功能的商业文学。

自 20 世纪 80 年代起，金庸、古龙、琼瑶等的港台武侠、言情小说作品以各种形式大量引入，在内地(大陆)读者间产生了广泛影响。这一现象说明内地(大陆)已经出现一个颇为庞大的消费市场，急需建立本土大众文学生产机制。在大众文学生产领域，较为成功的是“80 后”青春写作。青春写作的作家与读者之间逐渐形成独立于传统写作和主流文坛之外的循环。一些有号召力的“80 后”作家自身就是大众文学出版的经营者。20 世纪 90 年代末以后，伴随网络时代的到来，商业文学网站成为中国大众文学最大的生产基地。诞生于新媒介的网络文学创建了全新的生产机制，网络类型小说获得飞速发展，创造出奇观式的繁荣局面。

第二部分　典型习题详解

一、名词解释

大众文学

答:20 世纪 90 年代以后，中国社会进入消费社会，“大众文化”成为人们的主要文化需求。“大众文化”生产是一种以满足消费者需求为目的而进行的大规模文化生产。在大众文学生产机制中,读者变成了消费者,他们的选择起主导作用。因而,大众文学与体制内的“主流文学”和文学精英倡导的“纯文学”“高雅文学”有明显不同,它是以娱乐性为主要功能的商业文学。三者之间互有博弈,但又彼此渗透。

二、论述题

1.结合具体作品,论述王朔小说的独特性。

答:王朔是我国新时期著名的作家、编剧,早期代表作是《空中小姐》,但直到后来的《一半是火焰、一半是海水》《动物凶猛》等,王朔才有了自己独特的写作风格。

王朔在20世纪八九十年代文学中具有独特的地位,成为这个时期最突出的文学现象——大众文化现象最具代表性的作家,他的小说呈现出独特而明显的大众文化特征,包括消费与娱乐、批量与复制以及利用影视等新兴大众媒体。

与这种大众文化特征相契合,王朔小说在文本层面呈现出独特的风格:

(1)通俗幽默的语言

讽刺调侃式的语言是王朔小说最具特色的语言风格,一切美好而神圣庄严的情感和价值观在王朔的小说中都受到了无情的讽刺和调侃,最终成为笑谈。同时,京味十足的口语化是王朔小说的又一大语言特色,这种口语化的语言风格能够表达标准书面语所不能表达的精神内涵,更多了一些韵味,也更能容纳一定的时代精神。

(2)典型的人物形象“顽主”

王朔笔下的主人公身上都带有浓重的“痞子味”,他们在那个特定历史背景下,代表了那个时代大部分年轻人的价值观、道德观、审美观的倾斜和断裂。

(3)独特的反叛精神

王朔在小说中敢于怀疑权威与真理的绝对性,嘲弄生活现行的价值准则。王朔小说的反叛精神引领了市民文化的日益崛起以及对精英文化和严肃文学的消解。

2.20世纪90年代中国文学的特征。

答:(1)文学的表现内容被突出和重现,形式的探索处于“边缘”的位置。20

世纪 80 年代中后期出现的“先锋小说”作为一种文学潮流，在 90 年代并没有得到延续。“先锋小说”以及一些“先锋”诗人对叙事和语言的自觉意识的强调，基本上已作为一种文学常识被接受，融入普遍的创作追求之中。

(2)反思“历史”仍是 20 世纪 90 年代文学创作的一个主题，但在反思的立场和深度以及指向上，却有了不同。90 年代的“先锋小说”和“新写实小说”的作家都不约而同地转向了“历史”题材的写作。如余华的《活着》《许三观卖血记》，苏童的《米》《我的帝王生涯》，格非的《敌人》等。这些小说不仅涉及 80 年代初期“伤痕文学”“反思文学”等书写的历史，更将笔墨伸展到整个 20 世纪。这些小说处理的“历史”并不是重大的历史事件，而是在正史的背景下，书写个人或家族的命运。与 20 世纪五六十年代的史诗性和 80 年代初期的“政治反思”性相比，这些小说更重视“抒情诗”式的个人的经验和命运。当然，还有一些作品对包括“反右”“文革”等事件的反思性主题也在继续，如王朔的《动物凶猛》、王小波的《黄金时代》等。

(3)一部分作家开始关注生存的精神性问题。20 世纪八九十年代的社会和文化转型、知识分子位置和功能的变化、商业社会中的消费现象，使得一部分作家更急迫地关注生存的精神性问题。这方面的创作有张承志的《心灵史》，张炜的《家族》《柏慧》，韩少功的《马桥词典》《夜行者梦话》，史铁生的《务虚笔记》《我与地坛》等。这些作品往往保持一种精英立场，试图寻求反抗商业社会的实用主义和功利主义的精神资源。因而，在这些作品中，人的生存意义与价值等主题得到强化，生存哲理、历史传统以及民间文化等成为追寻、挖掘的主题资源。

(4)对现代都市生活物化现实的表现，在文学作品中得到前所未有的展开。在 20 世纪 90 年代文学创作中，“个人”经验具有了新的特别的含义。它既意味着逐渐脱离了 80 年代的集体性的政治化思想的独立姿态，也意味着在一个尚未定型的社会中，个人经验成了作家据以描述现实的主要参照。因此，个人化写作是 20 世纪 90 年代作家和批评家谈论较多的话题。如陈染、林白的自传体小说。

第三十九章　网络文学

第一部分　考点归纳

网络文学是指在网络空间里生产的文学，具有多种形态，核心是“网络性”，主要包括“超文本性”、植根于“粉丝经济”的“部落性”(“情感共同体”的文学生活方式)、与ACG(Animation动画、Comic漫画、Game游戏)文化的连通性等。

起点中文网逐步建立了职业作家制度和粉丝推介制度，从而形成了一套完整的网络文学生产消费机制，打造出了“起点模式”，奠定了中国网络文学的基本形态。网络类型小说的“类型”是按消费者的基本欲望和审美趣味的差异形成的，因而有“男性向”“女性向”之分，落实到网站设置上分别为“男频”“女频”。

第二部分　典型习题详解

填空题

1.《斗破苍穹》是连载于起点中文网的古装玄幻小说，作者是________。

2.电视剧《甄嬛传》，改编自长篇网络小说《后宫·甄嬛传》，其原著作者是________。

3.《盗墓笔记》是________创作的盗墓题材小说。

4.________是天下霸唱创作的盗墓题材小说。

5.在创世中文网上连载的小说《太古神王》，作者是________，小说讲述了秦问天历经坎坷最终化身为通天彻地的太古神王的故事。

【答案】1.天蚕土豆　2.流潋紫　3.南派三叔　4.《鬼吹灯》　5.净无痕

第四十章　田汉的戏剧创作

第一部分　考点归纳

田汉，本名田寿昌，湖南人。中国现代戏剧和电影事业的奠基人之一。“五四”时期与郭沫若等组织创造社，倡导新文学。1927 年创办南国社，为我国现代戏剧事业培养了大批优秀的戏剧人才。1930 年，田汉发起了中国左翼戏剧家联盟，领导和推动了左翼剧运的发展。田汉的第一个电影剧本《翠艳亲王》写于 1925 年，是我国最早的电影剧本之一。田汉又是我国戏曲事业最早且贡献最大的改革者之一，新中国成立后，他参与整理改编了我国传统戏曲剧目，其中京剧剧目就达 900 多个。田汉为电影《风云儿女》的插曲《义勇军进行曲》作词，这首歌后来成为我国的国歌。

第二部分　典型习题详解

一、选择题

1. 1925 年，我国著名戏剧家（　　）开始了他的电影创作，并创立了南国社，在早期的中国电影史上写下了杰出的篇章。

A. 欧阳予倩　　B. 曹禺　　C. 夏衍　　D. 田汉

2. 田汉创作的剧本有《翠艳亲王》《不拿枪的敌人》（　　）等。

A.《雷雨》　　B.《车站》　　C.《文成公主》　　D.《茶馆》

3.《关汉卿》是我国哪位著名剧作家的作品？（　　）

A. 郭沫若　　B. 曹禺　　C. 田汉　　D. 夏衍

【答案】1. D　2. C　3. C

二、填空题

1. 新文学社团中于 1927 年成立的以田汉为首的是________。

2. 田汉创作的话剧作品有________、________、________。

3. 田汉的________是 20 世纪 20 年代中国最优秀的话剧作品。

4. 由田汉创作的《关汉卿》和老舍创作的________是新中国成立后话剧创作中的两大巅峰之作。

【答案】1. 南国社　2.《咖啡店之一夜》《名优之死》《回春之曲》　3.《名优之死》　4.《茶馆》

第四十一章　欧阳予倩的戏剧、电影创作

第一部分　考点归纳

欧阳予倩，湖南浏阳人，天才的戏剧家和电影艺术家，能编，能导，能演，是艺术“全才”，在话剧、京剧、电影、舞蹈、音乐等领域都有卓越的建树。

欧阳予倩是中国话剧最早的催生者之一，也是中国戏剧艺术教育的奠基人。1907 年在日本留学时参加话剧团体春柳社，并在话剧《黑奴吁天录》中饰演了两个角色。1913 年创作话剧《鸳鸯剑》，后来陆续写过《泼妇》《回家以后》《潘金莲》等比较著名的剧本。他所参与编、导、演的京剧往往吸收了话剧等现代艺术精华，而他的话剧创作中又带有某些传统戏曲的韵味。

在电影方面，欧阳予倩是 20 世纪二三十年代最“当红”的电影编剧和导演，主要作品有《玉洁冰清》《天涯歌女》《新桃花扇》《清明时节》《海棠红》《人面桃花》《如此繁华》等。

第二部分　典型习题详解

一、选择题

1. 1906 年，一些留学生如欧阳予倩、李叔同等在东京组织了我国第一个话剧团体，先后演出了《茶花女》《黑奴吁天录》等剧。这个团体是(　　)。

A. 春柳社　　B. 创造社　　C. 新月社　　D. 南国社

2. 欧阳予倩是中国话剧最早的催生者之一，其创作的“红楼戏”颇具特色，如《鸳鸯剑》《馒头庵》(　　)《黛玉焚稿》等。

A.《名优之死》　B.《逼上梁山》　C.《宝蟾送酒》　D.《黛玉葬花》

【答案】1. A　2. C

二、填空题

中国现代戏剧之父是________。

【答案】欧阳予倩

三、名词解释

1. 春柳社

答:春柳社于 1906 年冬由中国留日学生在日本东京组建,因从事演剧活动而在中国话剧创始时期产生过重大影响,其主要成员有欧阳予倩、李叔同、曾孝谷等。1907 年春柳社在东京上演了《茶花女》第三幕,接着又正式公演由林纾翻译小说编成的五幕剧《黑奴吁天录》。这是春柳社最有代表性的一次创作活动,演出在东京引起了轰动。春柳社以研究新剧为主,他们所要创造的是不同于中国传统戏剧的,适应现代文明需要的,以语言、动作为主要表现手段的戏剧,这种戏剧传到国内后又被称为"文明戏",中国话剧艺术的自觉探讨与创造正是由此开始的。

2. 文明戏

答:文明戏又称新剧,是指话剧中渗透戏曲因素的表演,是中国话剧运动的第一阶段,开始于 1907 年。留日学生曾孝谷、李叔同、欧阳予倩等在欧美、日本话剧的影响下,组建话剧团体春柳社,改编演出《茶花女》《黑奴吁天录》等话剧,在表演上有严肃的艺术追求。辛亥革命前后,文明戏团体很多,演出以民主革命为内容的政治戏居多。辛亥革命以后,文明戏繁荣,以演家庭伦理戏居多。"五四"前夕,文明戏趋向衰落,原因有:①逐渐商品化,迎合小市民趣味,内容庸俗低下;②文明戏都是幕表戏,没有完整的剧本,只有分场的故事梗概,演员在台上随意发挥,艺术水平和演技很难提高。"五四"文学革命批判堕落的文明戏,中国话剧运动由此进入第二个阶段。

第四十二章　夏衍的话剧、电影创作

第一部分　考点归纳

夏衍，浙江杭州人，著名的文学、电影、戏剧作家和社会活动家，中国左翼电影运动的开拓者、组织者和领导者之一。1929 年参与筹建中国左翼作家联盟，任执行委员，后发起组织中国左翼戏剧家联盟。抗战时期在桂林创办影响较大的《救亡日报》。1994 年被国务院授予"国家有杰出贡献的电影艺术家"称号。

主要的话剧剧本创作有《心防》《法西斯细菌》《秋瑾传》《芳草天涯》《上海屋檐下》等，创作改编的电影剧本有《狂流》《春蚕》《祝福》《林家铺子》等，报告文学《包身工》。夏衍的话剧和电影创作善于表现普通知识分子与小市民平凡的人生，从"几乎无事"的日常生活中发掘内在的悲剧性与喜剧性。这种取材的平凡性、构思的朴素性与内在的深刻性，构成了夏衍创作的鲜明特色。

第二部分　典型习题详解

一、选择题

1. 夏衍开始摆脱片面强调政治宣传倾向的剧本是(　　)。

A.《包身工》　B.《赛金花》　C.《上海屋檐下》　D.《自由魂》

2. 下列不属于夏衍改编的电影剧本的是(　　)。

A.《祝福》　B.《林家铺子》

C.《在烈火中永生》　D.《风云儿女》

【答案】1. C　2. C

二、填空题

1. 金雯青是小说________中的人物，这篇小说的女主角是________。1935年，夏衍曾以她为女主角创作话剧________。

2. 夏衍的报告文学________曾被收入中学语文教材。

3. 夏衍杰出的现实主义力作________，表现了一群生活在上海弄堂石库门中的小人物的悲惨遭遇，其中主要有林志成、杨彩玉、匡复等。

4. 现代著名剧作家________改编的电影剧本有《祝福》和《林家铺子》等。

5. 我国著名电影艺术家和活动家夏衍在新中国成立后改编和创作的电影剧本有《祝福》《________》《革命家庭》等。

【答案】1.《孽海花》　傅彩云　《赛金花》　2.《包身工》　3.《上海屋檐下》　4. 夏衍　5. 林家铺子

三、名词解释

《上海屋檐下》

答：《上海屋檐下》是夏衍的一部剧作，写于20世纪30年代抗日战争前夕。这部剧作讲述的是上海弄堂里普通的两层楼房内每天都在静悄悄地发生着的各种故事：琐碎的争吵、隐忧、痛苦、窘困、悔恨、不平、牢骚、企望……剧作家在市民家庭司空见惯的感情摩擦和人事纠纷中独具慧眼：在这黄梅天气里，不仅生活发着霉，连人们的灵魂深处也长着霉；冲破这沉重的阴霾，就有光明的热望。这种取材的平凡性、构思的朴素性与内在的深刻性，构成了夏衍创作的鲜明特色。《上海屋檐下》在同一舞台空间里，同时展开五户人家的悲喜剧，同时写命运、性格各不相同的十几个人物，充分显示了夏衍简约、严谨、含蓄的艺术风格。对每一家命运的揭示、每一个人物性格的刻画，都抓住主要特征，进行了准确、传神的勾勒，做到用笔的极端简洁与鲜明，留下了大量的艺术空白，让观众去想象、去补充；同时又赋予"黄梅天气"以多层的象征意义，让五户人家个性鲜明的十多个人物统一在忽阴忽晴的氛围与色调之下，形成一幅浑然一体的艺术图景。

四、简答题

试论夏衍戏剧创作特色。

答:夏衍的戏剧创作特色主要表现在以下几个方面:

(1)立足于现实

①夏衍的剧作一般不描写离奇的情节、传奇式的人物和剧情发展中的突变,而是依照生活的逻辑平静朴实地再现生活本身,展现形形色色的社会众生相。取材的平凡性、构思的朴素性和内在的深刻性,构成了夏衍剧作的鲜明特色。

②从《上海屋檐下》到《法西斯细菌》,夏衍的剧作不以激烈的戏剧冲突和慷慨激昂的情调取胜,而以发掘富有意味的日常生活细节和含蓄隽永的情感见长;生活气息浓郁,语言朴素洗练,在平易亲切中达到引人入胜的效果。

(2)严格按照人物性格的逻辑

①在剧中,夏衍一切依据人物的性格叙事,既不做无益的呐喊,也不将人物随意拔高,因此塑造了一大批性格鲜明的人物形象,他们每个人都是独一无二的"这一个"。

②夏衍在描写人物时,很少静态地写人物心理,而是采用传统文学的表现手法,将人物的心理通过言行动态地表现出来。如《上海屋檐下》中,匡复坐了8年牢,好不容易找到了失散的妻女,但妻子已与自己的朋友林志成同居,另组了一个家庭。这时他心中真是百感交集,但老朋友的忏悔、妻子的倾诉又让他明白每个人都有自己的苦衷。匡复、妻子、林志成三个人都在矛盾的心理中作出抉择。

夏衍正是这样依从人物性格的逻辑、人性的逻辑,将人物的心理剖析得极其细腻准确。

(3)适当的感情宣泄

夏衍对被侮辱者的同情、对正义的歌颂、对邪恶的鞭挞、对统治阶级的嘲讽溢于言表。另外,对光明的强烈向往、对新生象征性的期盼在某种程度上也与浪漫主义接壤。如《上海屋檐下》最后匡复黯然出走,黄父给孙子留下三元钱凄然离去,失去儿子的李陵碑孤苦无依,然而剧作家却在最后意外地插进了一段孩子们稚嫩的歌声,这歌声冲淡了剧中人心中的愁苦,唤醒了"中年人一时蒙尘的心境",从而给作品带来亮色。

第四十三章　影视文学

第一部分　考点归纳

影视文学是伴随电影、电视艺术的繁荣而出现的一种新的文学样式,它既是影视剧创作的文学脚本,又具有文学审美价值。影视文学主要指剧本,是一剧之本,也是影视作品成型的前提。影视剧本应当有可读性,可以当作文学作品来读,但它的写作目的主要是拍成电影或者电视,而不只是提供给一般读者阅读。探讨影视文学,不能仅限于剧本,而应同时关注影视艺术制作的编、导、演、摄等全过程。影视文学具有一般小说或者戏剧的基本要素,比如要有故事情节、矛盾冲突、人物形象、语言行动、场景氛围等,其中核心是人物形象的塑造。

中国早期电影人如郑正秋、张石川、蔡楚生、田汉、孙瑜等基本上都是集文学家与电影家的身份于一体。1933 年,夏衍根据茅盾同名小说改编的电影剧本《春蚕》的问世,标志着新文学在银幕上开辟了一个新的阵地。此后,小说开始逐渐取代戏剧成为影视剧改编的主要来源。20 世纪 80 年代以来,大量文学著作被改编为影视剧本,并被搬上银幕。

第二部分　典型习题详解

一、选择题

1. 中国电影诞生是在(　　)。

A. 1902 年　　B. 1904 年　　C. 1905 年　　D. 1906 年

【解析】1905 年，任庆泰在北京的丰泰照相馆拍摄的京剧片段《定军山》，是由中国人自己摄制的第一部电影。

2. 在 20 世纪 30 年代诞生了一批优秀的中国电影，包括第一部获得国际荣誉的电影(　　)。

A.《歌女红牡丹》　B.《渔光曲》　C.《马路天使》　D.《桃李劫》

【解析】《渔光曲》是由蔡楚生执导，王人美、韩兰根等主演的影片，首映于 1934 年 6 月 14 日，是中国电影 20 世纪 30 年代的代表作品之一，也是第一部在国际电影节上获奖的中国电影。

3. 影片《城南旧事》由(　　)导演，曾获中国电影金鸡奖。

A. 谢添　B. 谢晋　C. 吴贻弓　D. 滕文骥

【解析】《城南旧事》是吴贻弓执导的散文式结构风格的代表作。电影以主人公小英子的眼光感受世界，结构了三个本身情节互不关联，而情感相接的故事。情绪的相续是该电影散文化的内核。

4. 关于影视文学，下列说法不正确的是(　　)

A. 影视文学是伴随电影、电视艺术的繁荣而出现的一种新的文学样式，具有文学审美价值

B. 影视文学具有一般小说或者戏剧的基本要素，如故事情节、矛盾冲突、人物形象、语言行动、场景氛围等，其核心是人物形象的塑造

C. 中国早期电影人如郑正秋、田汉等基本上都是集文学家与电影家的身份于一体，中国第一部电影(《定军山》)，就是来源于郑正秋、田汉主演的同名京剧

D. 1933 年，夏衍根据茅盾同名小说改编的电影剧本《春蚕》问世，标志新文学在银幕上开辟了一个新阵地

【解析】《定军山》是 1905 年由京剧演员谭鑫培主演的一部京剧片，是中国电影史上的第一部影片，但与郑正秋、田汉无关。

【答案】1. C　2. B　3. C　4. C

二、填空题

1. 影片创作是以________为基础的。

2. 1930 年 8 月，几家大电影公司合并，成立联华影业公司，在最短的时间内就成为与明星、天一鼎足而立的新兴势力，吸引来一批高水准的电影人才，比如

导演中的________、________、________,编剧里的________、________,再加上阮玲玉、金焰等一代巨星,构成了中国 20 世纪 30 年代电影无可复制的黄金阵容。

3. 张艺谋 1991 年拍摄了根据苏童小说《妻妾成群》改编的电影________,继 1988 年《红高粱》获得柏林国际电影节金熊奖,又一举夺得当年威尼斯国际电影节______奖,从此开始了他一系列的得奖之路,并奠定了他国际著名导演的地位。

【答案】1. 戏剧化冲突 2. 孙瑜 蔡楚生 史东山 田汉 夏衍 3.《大红灯笼高高挂》 金狮

三、名词解释

1.《定军山》

答:1905 年由任庆泰执导,在北京丰泰照相馆拍摄的中国第一部电影,著名京剧老生表演艺术家谭鑫培在镜头前表演了自己最拿手的几个片段。这是有记载的中国人自己摄制的第一部电影,标志着中国电影的诞生。

2.《红高粱》

答:张艺谋执导的第一部影片,改编自莫言的同名小说《红高粱》。这部片子具有强烈的理想精神,对人性的张扬达到了酣畅淋漓的程度,影像创造的世界为千百年来压抑隐忍的人性打开了鲜活快意的天地,这与传统第五代影片的凝重深沉形成巨大对比。张艺谋的第一部正式导演之作,就以开合纵横的大气创造了视觉的盛宴。1988 年,该片获得第 38 届柏林国际电影节金熊奖,成为首部获得此奖的亚洲电影。

四、简答题

概述中国大陆电影的历史发展分期。

答:(1)1905 年《定军山》出现之前,中国电影为“史前期”。20 世纪 20 年代中国电影经历了萌芽期与初创期,代表作品有《难夫难妻》《掷果缘》《孤儿救祖记》等。

(2)20 世纪 30 年代是中国电影的第一次兴盛时期。受左翼电影运动影响,出现了一批作品，如《狂流》《春蚕》《神女》《渔光曲》《大路》《桃李劫》《十字街头》《马路天使》等。

(3)1937—1945年是中国电影的一个特殊时期，抗战时期，电影创作的艺术追求已退居其次，代表作品有《八百壮士》等。

(4)20世纪40年代战后电影，是指抗日战争胜利至中华人民共和国成立前的电影创作时期。这是一个特殊的历史时期，在中国电影史上具有重要的意义。战后，中国电影终于迎来了相对成熟的发展时期，代表作品有《一江春水向东流》《小城之春》《万家灯火》等。

(5)20世纪五六十年代，可以用“传统与新生”来定位其价值特征。“传统”指50年代电影中承传着自30年代以来的电影传统，“新生”则是指新时代主题、新英雄主义色彩、新的质朴气息，代表作品有《桥》《白毛女》《中华女儿》《林家铺子》《青春之歌》《林则徐》《风暴》《我们村里的年轻人》等。

(6)改革开放新时期，中国电影开始了大踏步转向：转向艺术探索、转向世界潮流、转向满足百姓娱乐需求，代表作品有《归心似箭》《巴山夜雨》《今夜星光灿烂》等。

(7)20世纪90年代以后的中国电影呈现多元化局面，社会生活的极大改变和人们观念的迅速转变，对电影审美创作造成重要影响。90年代中国电影呈现出复杂多样的状态：原生态现实展示、新生代电影反叛传统，使电影趋向现实主义的朴质化，代表作品有《秋菊打官司》《背靠背、脸对脸》《站直了别趴下》《埋伏》《民警故事》《混在北京》《家事》等。

(8)21世纪以来的中国电影，追求和平，注重对民族文化资源的挖掘与再发现，如《英雄》《道士下山》等；追求和谐，关注普通人的生活，如《那山那人那狗》《剃头匠》等；弘扬主旋律，情态表现积极向上，讴歌人性人生，如《建国大业》《战狼》等。

图书在版编目(CIP)数据

中国现代文学题解/张笛主编. --2版. --北京:中国传媒大学出版社,2024.12.

(文史哲素养提升系列丛书).

ISBN 978-7-5657-3838-8

Ⅰ.G634

中国国家版本馆CIP数据核字第2024Z8M206号

中国现代文学题解(第二版)

ZHONGGUO XIANDAI WENXUE TIJIE(DI-ER BAN)

主　编	张　笛
策划编辑	高卓毓
责任编辑	张　笛　赵　欣
责任印制	李志鹏
封面设计	拓美设计

出版发行	中国传媒大学出版社		
社　址	北京市朝阳区定福庄东街1号	**邮　编**	100024
电　话	86-10-65450528　65450532	**传　真**	65779405
网　址	http://cucp.cuc.edu.cn		
经　销	全国新华书店		

印　刷	三河市东方印刷有限公司
开　本	710mm×1000mm　1/16
印　张	11.5
字　数	211千字
版　次	2025年1月第2版
印　次	2025年1月第1次印刷

书　号	ISBN 978-7-5657-3838-8/G·3838	**定　价**	49.00元

本社法律顾问:北京嘉润律师事务所　郭建平